国家社会科学基金后期资助项目
"中国养老制度演化及健康养老制度创新研究"（20FGLB073）

中国养老制度演化及健康养老制度创新研究

Research on the Evolution of China's Pension System
and Innovation of Healthy Pension System

张丽艳 著

上海交通大学出版社
SHANGHAI JIAO TONG UNIVERSITY PRESS

内容提要

中国的养老制度体系还存在养老制度信任危机、制度供给不平衡、制度环境生态化不足等问题。本书从"健康中国战略"视角构建了"健康养老"理念,采用演化经济学理论的"创新机制—扩散机制—选择机制"分析框架,对我国养老制度创新的路径进行了设计;梳理了中国养老制度的演化历程研究;进行了中国养老制度的扩散、选择、创新机制研究,健康养老制度的创新路径研究等,以期为积极应对日益加剧的人口老龄化问题提供参考。

图书在版编目(CIP)数据

中国养老制度演化及健康养老制度创新研究 / 张丽艳著. —上海:上海交通大学出版社,2023.4
ISBN 978 - 7 - 313 - 28473 - 0

Ⅰ.①中… Ⅱ.①张… Ⅲ.①养老-社会服务-研究-中国 Ⅳ.①D669.6

中国国家版本馆 CIP 数据核字(2023)第 052414 号

中国养老制度演化及健康养老制度创新研究
ZHONGGUO YANGLAO ZHIDU YANHUA JI JIANKANG YANGLAO ZHIDU CHUANGXIN YANJIU

著　　者:张丽艳			
出版发行:上海交通大学出版社		地　　址:上海市番禺路 951 号
邮政编码:200030		电　　话:021 - 64071208
印　　刷:苏州市古得堡数码印刷有限公司		经　　销:全国新华书店
开　　本:710mm×1000mm　1/16		印　　张:11.75
字　　数:203 千字		
版　　次:2023 年 4 月第 1 版		印　　次:2023 年 4 月第 1 次印刷
书　　号:ISBN 978 - 7 - 313 - 28473 - 0		
定　　价:69.00 元		

国家社科基金后期资助项目
出版说明

后期资助项目是国家社科基金设立的一类重要项目，旨在鼓励广大社科研究者潜心治学，支持基础研究多出优秀成果。它是经过严格评审，从接近完成的科研成果中遴选立项的。为扩大后期资助项目的影响，更好地推动学术发展，促进成果转化，全国哲学社会科学工作办公室按照"统一设计、统一标识、统一版式、形成系列"的总体要求，组织出版国家社科基金后期资助项目成果。

全国哲学社会科学工作办公室

前　言

中华人民共和国成立以来,60 岁及以上老龄人口比例从 5％升至 2020 年的 18.7％,我国的养老制度也在不断调整、优化。通过中国养老制度的演化研究,总结成功经验,指导新时代养老制度的发展。同时发现养老制度体系还存在养老制度信任危机、制度供给不平衡、制度环境生态化不足等问题。十九大提出的"健康中国战略"为养老制度的健康发展指明了方向。通过"健康养老"理论构建,以制度演化理论分析框架研究健康养老制度的创新,为积极应对日益加剧的人口老龄化问题提供参考。

演化经济学理论主张用动态、演化的方法来看待经济发展的过程,注重在经济演化中时间、历史的地位以及在经济变迁过程中体现出的路径依赖,同时路径依赖也是制度演化的过程中所要遵循的,西方对该理论的研究已经很完善了,并且已经取得了诸多成果,而我国对该理论的研究时间尚短。演化经济学理论的观点是历史会影响现在的现实,而当前的环境也会影响未来的决策,这为完善我国的养老制度提供了理论基础。

本研究采用黄凯南对演化经济学理论的"创新机制—扩散机制—选择机制"分析框架,从制度演化的视角对我国养老制度创新的路径进行了设计。本研究主要做了以下几方面的工作:

(1)梳理中国养老制度的演化历程。运用多学科的研究方法如文献分析的方法,从养老制度的初立、探索、改革、全面深化改革四个阶段对从新中国成立到现在的中国的养老制度进行了梳理,通过对我国不同时期养老制度的梳理总结出我国养老制度演化的特征:从差异化向公平化变迁、从物质型向物质精神兼顾型转变、从单一型向协同型转变、从粗放型向精细化转变。

(2)中国近二十年来的社会转型与作为社会问题的养老。从社会经济转型、人口转型、社会转型以及文化转型分析了社会转型对养老造成的冲击,同时对典型的养老问题的社会类型进行了分析,从而为养老制度创新提供了基础。

(3)中国养老制度的扩散、选择、创新机制研究。首先对三个不同制度扩散模式的典型案例进行扩散机制的具体分析;其次研究市场选择、政治选择、经济选择等三种因素对养老制度创新的影响;最后分析了中国养老制度的创新动力;将健康中国战略与养老制度进行同构,从积极养老、智慧养老、生态养老、文化养老四个方面对健康养老进行理念构建。

(4)健康养老制度的创新路径研究。依据上述对中国养老制度相关专题的分析,以完善我国的养老服务体系、满足老年人多样化需求、积极应对我国老龄化问题为目标,从健康养老理念构建、医养制度创新、康养制度创新、护养制度创新等方面设计我国的养老制度创新路径。

目　录

传统单一的养老模式难以满足养老需求。在此基础上，新的养老需求动机日渐强烈，呈现出个性化、多元化的特点，也对我国养老制度创新提出了新的要求。

3. 信息技术的发展对养老生活质量的影响

《中国老年人生活质量发展报告（2019）》显示：对老年人生活质量有着直接影响的是教育素质。来自中国老龄科研中心的调研数据显示：我国老年人中未上过学的约占29.6%，有小学文化程度的老年人约占41.5%，有初中和高中文化程度的老年人约占25.8%。通过分析数据可知，现阶段我国未上过学和拥有小学文化程度的老年人占比较高，老年群体的文化水平总体偏低。当前随着我国信息化程度不断加深，增加了老年人在获取信息、使用电子设备等方面的困难，特别是对受教育程度较低的老年人来说，这很容易使老年人产生被社会排斥的感觉，也可能会降低他们的生活质量。因此，如何创新养老方式和制度，提高老年人的生活质量，提升老年人的幸福感也成为全社会关注的焦点之一。

（二）政策背景

伴随中国加快进入老龄化社会，养老问题现实地摆在每个人面前。十八届三中全会的《中共中央关于全面深化改革若干重大问题的决定》，已对社会保障问题作出重要部署。在党的十九大报告中，习近平总书记提出：按照兜底线、织密网、建机制的要求，建设多层次的社会保障体系，保证体系要覆盖全体居民、统筹城乡、权责清晰、保障适度、实现可持续。通过构建养老、孝老、敬老政策体系与社会环境，来积极应对人口老龄化。老龄化不仅是挑战，也是机遇。老年人不是社会的负担，而是社会的资源。积极地应对老龄化，就要消除消极的老年形象，如"衰退""退化"和"丧失"等，通过互助养老让老年人贡献社会、实现自我价值，从"健康""保障"和"参与"三个维度，对世界卫生组织所界定的"积极老龄化"的概念进行重塑。十九届四中全会强调可以通过加快建设居家社区机构相协调、医养康养相结合的养老服务体系，来积极应对人口老龄化。十三届人大二次会议及民政部印发的《关于进一步扩大养老服务供给促进养老服务消费的实施意见》中都明确指出要大力发展社区养老服务业。

2019年11月下旬，中共中央、国务院正式印发《国家积极应对人口老龄化中长期规划》，对人口老龄化的重要意义、目标任务进行了明确，提出了应对老龄化详实具体的应对措施，并将其上升为国家战略。将未来三十年划分为三个时期，分别是：近期至2022年、中期至2035年、远期至2050年，以此为指导来应对人口老龄化的各项政策。国家在养老方面出台的一系列政策表明,积极应对人口老龄化在成为国家战略的同时,必定会推动社会各界对养老问题全面改革和养老制度创新的关注。

(三) 文化背景

中国拥有着五千多年的历史文明,传统文化也源远流长。几千年文化传统的积淀也推动着华夏文明体系中独具特色的养老文化。自古以来中国重视"孝道"的教化,认为孝是一切道德行为的根本,积极推崇尊老敬长等重要理念。养老文化作为中国传统文化的重要一环,蕴含着古人的思想与智慧,深入地影响着人们的生产生活方式与国家的制度设计,在中国古代的百姓教化、社会发展和国家安定中发挥着极为重要的积极作用。在中国古代,养老文化得到了圣人贤哲不遗余力的推动发展,同时也受到了历代圣明君主的大力推崇,这对古代解决社会养老问题以及完善其养老体制起到了不可替代的重要贡献。新中国成立以来,在中国共产党的领导下,我国开始加倍重视养老问题,中国特色社会主义的养老思想不断创新、发展,对养老问题的理论研究也不断深入,中国特色社会主义养老政策日渐成型,不断创新养老制度也成为大势所趋。

二、研究意义

(一) 研究的理论意义

1. 为养老制度的创新提供新思路

人口老龄化是人类社会所面临的共同发展趋势,老龄化的到来给中国社会带来了巨大的养老压力。本研究从宏观层面梳理新中国成立以来中国养老制度的发展脉络,从而把握我国养老制度的变迁历程,厘清我国经济社会发展与养老制度变迁历程的直接关系,分析当前形势下我国养老问题的社会压力,以演化经济学理论的创新机制、扩散机制、选择机制,为我国养老制度创新提供明确的分析框架和研究思路,将演化经济学理论与中国健康养老制度创新相结合,找到解决当前养老问题的可行性办法,其研究结果对于政府制定相关的养老制度能够提供一定的参考和借鉴,为破解中国社会发展过程中出现的养老难题提供了新的思路,从而使人口老龄化带来的养老压力得到有效缓解。

2. 丰富中国养老制度的研究成果

本研究深入挖掘影响中国养老制度创新的要素,结合中国养老制度的演化历程,分析当代中国的社会转型与作为社会问题的养老面临的困境,剖析目前中国养老制度创新的动力因素,在对过去研究继承和发展的基础上,在新的历史阶段针对新形势下养老问题的社会类型,创新性提出中国健康养老制度的创新路径,丰富了我国养老制度的理论研究。

（二）研究的实践意义

从世界范围来看,养老问题已经成为当今各国最为关注的社会问题之一,也关系到我国居民的整体生活质量和幸福感。目前,人口老龄化程度的不断加深,对我国经济社会的发展造成了严重的影响。从 1999 年开始进入人口老龄化社会,我国的社会发展被"未富先老"的社会现实严重制约,使家庭、社会、政府都经历着严峻的考验。作为社会主义国家的中国,以实现"人的自由而全面发展"为最终目标,可以说,能否顺利应对养老问题关系到党和国家能否获得广大人民群众的信任与期待,关系到我国经济社会能否持续、健康的发展,关系到能否实现国家富强、民族振兴、人民幸福的中国梦。只有经过科学的规划、细致的布局以及家庭、政府和社会潜能的激发,现代养老制度的不断创新,才能缓解我国人口老龄化,使养老事业得到整体的发展,使压力、阻力成为社会发展的动力,从而为坚定中国特色社会主义道路,实现中华民族的伟大复兴提供现实的借鉴、具体的指导。

第二节　相关研究综述

一、关于演化经济学的研究

（一）国外学者对演化经济学的研究

20 世纪 80 年代以来,在西方经济学领域众多流派中演化经济学脱颖而出,国外学者针对演化主题的研究日益增加,主要从以下两个视角对制度演化进行了研究。

1. 从个体角度出发探究制度演化

一方面,在制度演化过程中秉持着社会达尔文主义的进化论思想,从参与者互动视角出发强调规则、规范和制度的演变过程中参与者的能动作用,研究共同知识的制度生成和演变(Mark Blyth et al.,2011)。个体基本偏好影响个体发展,从而影响人类社会结构与制度的演变,反之制度亦能影响和塑造个体的偏好和行为。个体与制度之间存在的反馈关系,一方面表现在制度会影响个体的偏好,另一方面则表现在个体具有主观能动性,能够推动制度的演变,影响制度的发展路径(Geoffrey M. Hodgson,2007)。关于个体偏好与制度之间的内生互动,学者们从不同类型的制度间、基因和文化协同演化等多个视角来探究制度的变迁(UGO Pagano,

2011)。

另一方面,构建数理模型探究制度的生成和演变、选择和扩散,并且阐释制度是如何在异质性个体间互动生成及演变(Claudius Gräbner,2016)。在制度的生成过程中,参与者的行为动机会受到个体的偏好异质性的影响,参与者群体的不同偏好会对制度产生重要影响(Ingela Alger and Jörgen W. Weibull,2010)。制度具备认知、协调、组织和约束功能,遵循由参与者之间多主体对互动场景形成的共享认知模型,能够帮助参与者更好发挥认知资源的效用,以适应当前知识加速更新迭代、信息快速流通的社会发展步伐(Antoine Bechara and Antonio R. Damasio,2005)。

2. 从共同演化视角探究制度演变

一方面,将新熊彼特主义的技术演化分析同凡勃伦的制度演化观相结合来探究技术和制度的共同演化。学者认为技术创新是一个复杂的系统,这一系统会呈现出非线性、互动、系统内嵌系统的特征(Jan Gunnarsson and Torsten Wallin,2011)。技术创新和制度构成了复杂的关系网络,从组织内部到企业间的创新网络,从区域创新到国家创新,技术创新活动的基本范畴不断扩展(G.Tedeschi,S. Vitali and M.Gallegati,2014)。纳尔逊把制度理解为社会技术,是一种协调联合的知识(Nelson,R.R and Sampat,B. N,2001),受制度结构的影响,技术进步的速度会随之发生变化,同时制度创新也受到新技术在经济体系中的接受方式的影响。默尔曼尼研究产业动态,通过分析不同国家背景下产业演化模式的差异来探讨国家产业、技术和制度之间的共同演化(Murmann,J. P,2003)。

另一方面,探讨个体认知、技术同制度之间的共同演化过程。个体认知和技术创新均内嵌于制度结构之中,个体理论是既定结构下的认知理性(Hodgson,2007),如果个体通过认知能力能够促使技术和制度创新,而后两者也会进一步改变个体的认知和偏好,促使三者共同演化,进而导致产业结构变迁(Nelson,Sampat,2001)。如果技术和制度共同锁定,则个体认知也可能被锁定,从而导致经济发展被锁定,个体认知、技术和制度的共同演化是一个复杂的内生过程,在这个过程中,个体偏好、技术和制度的演化都可以得到内生解释(Timothy J. Foxon,2006)。

(二)国内学者对演化经济学的研究

1. 对制度演化的理论探究

黄凯南分别从微观、中观、宏观的层面对演化经济学理论的脉络进行了梳理和探究,在微观层面上以个人偏好演化研究为主,创新可促使个体产生新的偏好,偏好演化的过程即为参与者对更具有创新性的偏好的学习过程;在中观层面则以制度演化研究为主,从参与者角度出发,在其认知过程中探究制度的生成和演变,强调制度演化是参与者有限理性的搜寻过程与市场选择两者相互作用的结果;在宏观层面以演化增长理论为基础,将制度纳入演化增长模型之中(黄凯南,2014)。他以博弈论的视角对演化理论进行分析,将制度视为演化博弈的均衡结果,制度的内生演化过程主要涉及选择过程、变异过程和扩散过程(黄凯南,2012)。主观博弈论能够阐释个体认知在制度演化过程中发挥的作用,更好解释制度的内生演化,并且可以较好调和均衡分析和演化分析范式的冲突,为理解演化现象提供较为统一的研究工具(黄凯南,2010)。演化经济学假定人性具有二重性,贾根良由此出发认为制度设计必须考虑到制度对人性的塑造作用,人性和制度间具有互动关系,人性的形成受到制度的重大影响,制度对人性具有约束和能动性(贾根良,2005)。

2. 不同制度演化观的比较研究

通过查阅相关文献可以发现新制度主义和演化经济学都对制度演化有所论及,而新制度主义视野下的制度演化研究较早,涉及范围较广,如对中国农村医疗制度演化机制研究(董立淳,2009)、对中国农地产权制度演化分析(谢宗藩、姜军松,2005)。在演化经济学视野下,学者们多以理论研究为主。陈祖华从本体论基础、分析范式和分析框架三个方面全面阐释了两种制度主义演化观的异同(陈祖华,2006)。章华等从主体认知角度进行分析,认为演化经济学视野下对制度演化的研究是对新制度主义制度研究的有力补充:知识与制度的关系补充了制度演化的主体特征和微观机制,而关注制度演化中人的作用则揭示了制度演化的过程本身(章华、金雪军,2005)。

3. 对演化经济学的实证研究

对演化经济学的实证研究主要集中于经济学领域,借助演化经济学框架去分析现实问题。严伟在演化经济学逻辑框架下提出旅游产业融合机理的实质是打破惯性、变异、创生,再通过选择机制和遗传机制扩散到整个旅游产业的过程。从微观企业融合到宏观产业融合的演化过程中,渐次发生由旅游企业的经济效应到追随模仿企业的企业效应再到整个旅游产业的行业效应(严伟,2014)。黄晓鹏认为基于演化经济学的企业社会责任演化分析框架由内部规则和外部规则双重秩序组成。与欧美国家由内部规则主导相比,我国仍处于外部规则主导阶段,需要借助市场这双"无形的手"优化企业社会责任标准,建立健全法律法规体系从而引导企业高水平发展(黄晓鹏,2007)。李纯元在演化经济学与激励机制的框架下提出我国的存款保险建设应该加快组建专业化团队,区分在事后、事前、事中等不同角色下的不同侧重点,并分析其功能拓展绩效,以此作为我国存款保险的优化路径(李纯元,2020)。

二、关于养老制度的研究

养老问题已经成为社会关注的重点问题,中国传统的养老制度是以家庭养老为主,政府养老为辅,以尊老敬老的文化为支撑,以完善的法律法规政策为后盾,在中国已经延续多年。但是伴随着中国人口的快速老龄化、社会政治经济的发展、人口结构的变化,导致我国传统的养老制度已经不能满足老年人多样化的健康养老需求,传统的养老制度需要在立足中国国情的前提下进行变革,以缓解我国的人口老龄化程度、优化人口结构,推动社会的稳定发展。

(一)数据来源与研究概况

1. 数据来源

数据来源于中国知网数据库收录的以养老制度为主题的 CSSCI 核心期刊,时间跨度不限,进行精准匹配,共检索到文献 293 篇。将检索的文献逐一筛选,剔除会议文件、通知、访谈、报告等干扰性文件之后,最终共得到266 篇有效文献。

2. 研究程序

首先梳理检索到的关于养老制度的核心期刊。其次提取所选文献中的关键词,对关键词进行优化处理,合并同类关键词并剔除与主题关联性不强的关键词。然后在 Excel 中,对样本数据的关键词进行处理,并利用Bibexcel 软件来统计关键词的频次,筛选出频次大于等于 5 的关键词。最后借助 Ucinet 软件绘制关键词的知识图谱,深入分析关键词社会网络知识图谱,剖析关键词聚类与互动关系,概括出在我国养老制度方面的研究现状。

3. 社会网络分析

将上述文献中的关键词提取到 Excel 中进行汇总统计,利用 Bibexcel软件对数据进行处理,得到关键词的频次,最终选择频次为 5 以上的关键词,统计出关键词共有 26 个(见表 1-1)。

表 1-1　关键词词频

序号	关键词	词频	序号	关键词	词频	序号	关键词	词频
1	养老制度	52	10	农村	11	19	退休年龄	7
2	养老保险	29	11	改革	10	20	老人	7
3	社会保障	19	12	养老制度改革	10	21	老龄化	6
4	养老	14	13	社会养老	9	22	机关事业单位	6
5	家庭养老	14	14	个人账户	9	23	基本养老保险	6
6	养老保险制度	13	15	社会养老保险	8	24	基金制	6
7	延迟退休	12	16	现收现付制	8	25	养老模式	5
8	养老金	12	17	中华人民共和国	8	26	公务员	5
9	养老保障	11	18	人口老龄化	7			

同时将统计的关键词数据导入 Ucinet 中进行分析,绘制关键词社会网络图谱并发现研究热点。图中的每一个矩形代表一个关键词,每个矩形的面积越大则表示研究的人越多,进行小团体分析时发现 fitness 取值为 6 的时候出现转折点,说明高频关键词可分为五个小团体(见图 1-2)。根据高频关键词小团体分析图对主题进行合并、分解,最终得到 8 个研究主题。

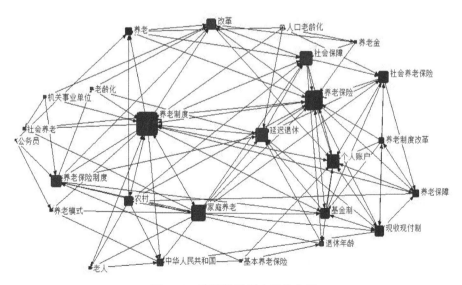

图 1-2　高频关键词小团体分析

（二）研究热点分析

在知识图谱呈现养老制度研究概况的基础上，结合我们查找的文献，总结出养老制度的八个研究热点，分别是：关于国外养老制度的研究、关于古代养老制度的研究、关于养老制度改革的研究、关于养老保障体系构建的研究、关于养老保险制度的研究、关于退休制度的研究、关于农村养老制度的研究、关于特殊群体养老制度的研究等。通过对每一个研究热点进行详细的解读来帮助我们更加全面地了解养老制度研究趋势，以积极应对我国的人口老龄化状况做出贡献。

1. 关于国外养老制度的研究

相对于我国，发达国家较早地进入了老龄化社会，对养老制度的研究也比较全面，构建了比较全面的养老服务保障体系，各国的养老服务保障体系都基于本国的实际情况进行了不同程度的创新，从以下几个方面来对该热点进行分析。

首先，从国外养老保险制度的建设角度来看，陈南燕（2008）以2001—2004年改革为例对德国保险制度改革进行了分析，德国作为世界上第一个建立广泛养老保险制度的国家已经建构了完备的养老保险体系，虽然因为经济下滑、人口结构发生变化、人均寿命提高等原因造成德国的养老保险体系一度不堪重负，但由于德国政治制度、决策机制以及采取的大联盟策略、寻求和社会团体妥协、拆分或合并改革方案、政府单方面进行决策等措施进行，使德国的养老保险制度改革都是比较成功的，对各国养老保险制度的建设具有一定的借鉴意义。陈倩（2016）在制度变迁理论的基础上对英国的养老保险制度市场化改革进行了分析，通过建立多元化的养老保险制度、完善国家第二养老金计划、建构多支柱和市场化的养老保险体系等措施使英国市场化的养老保险改革取得了一定的成效，为我国养老保险制度的建设提供了一定的借鉴意义。申策（2013）通过对2007—2009年美国经济衰退时期养老保险制度的分析，认为美国的养老保险在经济衰退时期的作用对我国养老保险体系的改革提供了一些启示，如我国可以通过加强养老保险投入与收益之间的联系、更加注重养老保险的公平性、适时调整退休年龄等措施来完善我国的养老保险制度。孙健夫（2020）通过对瑞士的养老金制度体系进行剖析，认为瑞士养老保险制度建立较早，具有先进的管理经验，认为政府财政参与的社会养老保险、由雇员与雇主共同缴费建立起来的完全基金式的养老保险制度、个人养老保险计划三大支柱体系是瑞士成功的经验，为我国养老保险制度的发展提供了一些启示，如平衡政府和个人的养老责任、建立专业化养老基金资产管理、善于运用政策工具推动养老保险制度发展。

其次，从国外养老制度改革的角度来看，李青(2019)对日本养老制度的发展历程进行了分析，认为日本虽然最早进入了老龄化社会，但是由于日本完善的法律制度以及相关政策使日本的养老由国民年金、医疗保险、介护保险三者来支撑和保障，并催生了相关的养老产业的发展。李凯旋(2017)认为意大利养老制度存在财政压力过大、制度管理效率低、漏缴、重复领取人员多、养老金计划标准不统一等多种问题，通过延长退休年龄、建立统一的缴费标准、建立统一的养老保险账户、针对灵活就业设立专门养老项目、进行养老管理机构合并等方式，优化养老制度，降低财政压力，推动社会发展。卜永祥(2008)对美国养老制度存在的问题主要包括现收现付制使社会保障入不敷出、社会保障基金的回报率低、工人对退休保障金没有合法所有权等问题，通过对美国社会养老改革的措施的分析以及其他国家养老改革经验的借鉴，认为美国未来社会养老保障制度改革具有实行两层次社保体系、增加养老金账户投资的回报率、采用两阶段方法来管理个人账户、明确个人账户的所有权等特点。尹文清(2015)通过对日本养老制度改革与发展的梳理，发现日本养老制度具有惠及全民、雇员辅助养老金、企业年金和商业养老保险作为补充的特点，认为日本养老制度对我国养老制度改革的启示包括：确保国民经济的持续稳定发展、建立多层次的养老保障体系、延长养老金的缴纳时间与推迟养老金的领取时间并进、加强对养老金的管理和运营。

再次，从国外养老金制度改革的角度来看，彭姝祎(2017)认为法国是欧洲最早建立养老金制度的国家之一，法国主要通过开源节流和增建基金制的第二和第三支柱两种措施来进行养老金制度改革，改革后的法国养老金制度保留的现收现付制仍占据着主导的地位、公共养老金依然占据核心地位的特点。陈星等(2016)以美国加州公共雇员养老金改革为研究对象，从美国加州公共雇员的计划类型、管理监督、投资运营等方面来进行研究，为我国的机关事业单位的养老金改革提出养老金的改革要体现职业特征、单位配套缴费跟进落实、注重待遇发放的可持续性、建构监督制衡机制等建议。董克用(2021)通过研究新加坡养老金制度改革发现，新加坡建立中央养老金制度的同时建设退休辅助计划、就业收入补助计划、以房养老计划等辅助计划作为补充，共同构建新加坡中央养老金制度体系，提出我国建立养老金制度时要与相关经济、社会政策配套进行，并且随着经济社会的发展不断调整。

最后，从国外养老保障体系建设的角度来看，李育(2014)以美国联邦雇员养老保障改革为例,从美国联邦雇员养老保障并轨的背景、三支柱体系的建立以及并轨改革对养老金和劳动力市场的影响等来进行分析,认为我国机关事业单位和企业社会职工养老保障体系改革的重点在于:制度设计的灵活性和前瞻性、制度并轨先于待遇并轨、多元化的养老金筹资渠道。彭姝祎(2014)认为碎片化是法国社会保障最显著的特征之一,对碎片化的表现、成因、利弊进行了分析,并且重点对碎片化成因利益集团的博弈进行了分析,最终得出我国也面临着各种利益集团的阻力,我国可以借鉴法国社会保障体系改革的经验来完善我国的社会保障体系。金昱茜(2019)介绍了德国养老保险精算制度法律体系产生背景、具体内容以及原则,着重介绍了精算制度中养老保险计算参数如何生成,认为以立法的形式确立养老保险精算制度、建立并规范精算报告制度、通过精算实现养老保险计算参数的及时、合理调整是德国精算制度法律体系建立的重要原因。罗琦(2020)对比了美国、英国、日本和澳大利亚居家养老保障体系和发展概况,提出国外养老保障体系存在法律和标准化体系完善、老年服务评估体系健全、监督及反馈机制完善等特点,提出从完善居家养老服务标准化体系、建立保险制度、政府整合养老资源、加强信息建设等角度推动我国养老保障体系建设。

2.关于古代养老制度的研究

尊老、养老在我国有着悠久的历史传统,尊老可以为养老营造一个良好的外部环境条件,尊老更偏重于满足老年人的精神养老需求,而养老则更偏重于满足老年人的物质养老要求。各朝的统治者都会通过礼法、刑法对人们进行约束,以营造一个良好的社会养老环境,本热点主要从不同的朝代进行分析。

首先是对先秦时期养老制度的研究。李玉洁(2004)对养老制度产生的背景和条件进行分析,认为先秦时期我国就已经拥有了完备的养老制度,并通过"三老五更"制度来对先秦时期的养老制度措施进行了研究,表明在先秦时期国家以各种方式对养老、敬老进行宣传,使当时的老年人在各种舞台上发挥作用,在一定程度上也维护了社会的稳定。潘剑锋等(2010)提出先秦时期就已经在养老制度、养老观念、养老场所等方面形成了相对的规模,形成了以家庭养老为主的养老敬老体系,这也是我国养老敬老体系的雏形。

其次是对汉代养老制度的研究。臧知非(2002)在开始对汉代的养老制度进行了分析,汉代的养老制度确立于汉文帝时期,然后又对汉代的赐王杖制度进行了研究,发现二者有相同的地方,二者都是为了维护儒家的伦理系统以及社会的稳定而制定的。李俊方(2008)认为从汉初开始,统治者就采取了一系列的养老政策,并以汉代的赐酺、赐杖等养老礼为对象来研究汉代的养老制度,汉代养老礼使养老的观念深入人心,起到了教化社会的作用,使人们增加了对养老制度的认识。孙津华(2017)认为汉代十分重视养老,从东汉开始,就逐渐确立了以"三老五更"为中心的皇帝敬老礼仪,同时赏赐老人物品、免除年长者家庭劳役,在精神层次方面赐予老年人荣誉性的官位。

最后是对唐代的养老制度的研究。刘兴元(2007)认为唐代的养老制度可以分为官僚阶层和庶民阶层,就制度的内容来看,两者大体相当,但是这些规定对两者的意义和作用却完全不同,因此以唐代乡村养老为例来研究唐代的养老制度对乡村养老的意义、乡村养老的方式(家庭养老为主、互助养老为辅)以及乡村养老的作用(维护社会政治经济稳定、培育良好的道德风尚)。孟宪实(2014)认为唐代养老制度的差别不是城乡的差别而是普通农民和官员之间的差别,农民主要靠自己,对于高龄老人政府会有一些措施,但是对于官员来说,退休之后都会有相应的保障,也就是致仕制度,并且根据官员等级的不同也会有所不同。南金花(2020)认为唐朝建立后,经济社会发展为养老机构制度化提供了条件,唐武宗时期设立救济机构"养病坊",派专人管理,由朝廷拨款,并成为制度固定下来。

3. 关于养老保险制度的研究

养老保险问题是社会保障体系构建的关键问题之一,养老保险制度作为我国社会保障制度的重要组成部分,其中的公平性是养老保险制度最重要的原则之一,作为一项社会政策,养老保险制度的公平性在于每一位公民都有参与养老保险的权利,作为一项经济政策,养老保险的公平性在于调整市场再次分配的不公,以维护社会秩序的稳定。近些年来随着经济社会的发展,人们更加关注效率而忽视了公平,这也为我国养老制度的发展提出了新的挑战。对本热点的研究主要从以下几个方面进行。

首先,从不同社会分层的社会保险制度角度来看,赵子涛(2011)认为养老保险制度的改革对推进事业单位改革具有重要的意义,事业单位的养老保障制度改革也为完善社会养老保障体系做出了贡献,提出可以通过在保证待遇不降低的前提下创新激励机制、把握好改革的力度与承受度以增加改革的可持续性、完善相关的配套政策几个方面来推进事业单位的养老保险制度改革。王洪华(2013)对我国高校教师养老保障制度的现状进行了分析,指出高校教师养老保险制度存在的问题包括思想认识的问题、改革启动的费用问题、改革后离退休人员的管理问题,建议从加大宣传提高认识、完善配套政策措施、借鉴国外高校教师退休保险制度改革的经验、统筹全国的养老保险等方面来完善我国的高校教师退休制度改革。汤兆云(2019)认为农民工流动性强、养老保险缴费年限长、可支配性收入低与养老保险缴费高、养老保险待遇预期收益低与现实缴费高等矛盾因素导致农民工参保率比较低,要针对农民工群体适当降低社会养老保险基金缴费比例、实现灵活的社会养老保险关系转移接续、建立社会统筹与个人账户相结合的社会养老保险模式等方式优化我国社会保险制度。

其次,从我国养老保险制度的问题来看,徐彩玲(2021)从我国农村养老保险历史出发,分为起步阶段、停滞阶段以及再发展阶段,认为农村保险制度存在城乡差异过大、保障水平低、执行难等问题,其发展受二元户籍制度、农村保险制度不健全、农民参保较低等因素影响。张开云(2021)认为城乡居民基本养老保险制度作为城乡居民老年风险防控的重要基础制度,对促进民生发展有着重要作用,但运行的过程中存在个人缴费提高、政府补贴筹资较高、基金运营管理难度大,基金贬值、养老金水平低、可替代率低等风险。张运刚(2000)对转轨时期我国养老保险制度的现状进行了简要的分析,总结出养老保险制度存在的问题,主要有退休费用社会统筹的激励机制不强、不同地区的统账结合缺乏共性,操作性不强以及如何实现新旧制度的转轨。黄艳红(2002)对我国社会养老保障体系进行分析,认为我国的社会养老保障体系虽然在制度上解决了新旧制度过渡的问题,在一定程度上体现了公共经济的公平性,但是依然存在由于养老金缺口造成的财政压力过大、养老金保值增值的压力较大等问题。吴旭东等(2013)从养老金缺口的角度对我国的养老保险制度进行了分析,认为我国公务员和企业社会养老保险待遇水平的差距是造成养老金缺口逐渐加大的原因,提出差距主要表现在替代率与基数、缴费义务与调整依据之间的差距,并从收入和支出的角度对养老金缺口进行了分析。封进(2019)对当前养老保险制度进行分析,认为存在老年人员持续增加、缺乏参与激励、地区差异明显、养老金充足性不够、第二层次和第三层次养老保险发展较慢等问题。

最后,从完善我国养老保险制度的对策来看,鲁爽(2020)认为实现养老保险制度的深化,要重视农村养老保险制度,健全新农保的法律体系、拓宽筹资渠道,拓展多元发展筹资方式、提高保障水平,加大政府的资金投入、科学监管,促进基金保值增值、加强宣传力度,提高参保意识。张运刚(2000)认为为了实现新旧制度的转轨,要建立专门的部门并完善相关的法律法规、明确老年人养老保障的设想(老年人数量、专项养老金以及对养老金的管理)、解决国家的历史欠债问题(发行养老认可券、提高企业经济效益以及利用国有资产存量来解决问题)、对"新人"保障的分析、推动养老金的保值增值(建立基金公司、健全监管体系、培育积极的金融市场)。黄艳红(2002)通过运用经济学对我国养老保险进行分析,建议可以通过把个人账户分为新旧两个账户并实行不同的管理方法、建立多支柱的社保制度来实现养老保险制度的改革,同时提出我国的养老金可以通过间接入市的方式来进行增值。吴旭东等(2013)通过对养老金缺口的分析认为可以采取借鉴国外经验、建立统一而多元的养老制度体系、推行公务员的养老保险制度等措施,总之要解决养老金的缺口问题首先要解决的是制度本身的问题,其次才是退休年龄的问题。韩喜平(2019)认为在习近平新时代中国特色社会主义思想指导下,我国养老事业在理论、制度、体系建设等方面实现了创新发展,探索从人人基本享有到共建共享的制度性改革,提出建立全覆盖的"多支柱"养老新模式、构建城乡养老"一体化"发展的新格局、提升全民"共享养老"的服务效能、建立"放管服"改革的长效机制。

4. 关于退休制度的研究

退休制度的不合理不仅会导致社会抚养压力加重,也会导致劳动力市场变形,这也是当前我国养老金制度改革必须面临的一个问题,对我国退休制度的研究主要集中在对弹性退休制度、延迟退休制度的思考。

延迟退休制度是在我国养老金无法满足未来支付需求的情况下提出的,自2012年社会保障部推出延迟退休制度以来,在社会上就引起了强烈的社会反响。齐琳娜(2016)认为当前我国延迟退休的现状是,延迟退休虽然可以缓解我国养老金缺口的问题,但是也会增加青年一代就业的压力,使青年的就业形势不容乐观,在延迟退休的政策下也暴露出我国相关法律法规、养老保险双轨制退休制度的一些问题,可以通过合理配置资源、有效筹措社会基金、建立统一公正的养老体制、建构多层次的养老保险体系三方面来缓解延迟退休背景下社会养老保障问题。杨璟(2019)认为延迟退休可以减轻财政压力、帮助企业积累财富创造价值、提高养老金价值、促进社会再分配等优点,但是也存在挤占社会岗位、增加就业压力、带来社会利益分化、增加企业负担等问题,面对这些问题要完善我国养老保险制度,建立弹性自选机制、采取与其他改革协同并进的方式。黄莎(2018)认为延迟退休政策的推行必定会对我国的社会保障领域和司法体系造成一系列的连锁反应和散射效应,延迟退休制度对我国养老保障体系的影响包括:缩小双轨制下养老金待遇差距、减缓社会养老压力、提高养老服务质量;延迟退休的现实困境包括:人社部并没有具体的相关规定、养老金缺口的解决需要一个较长的过程等问题,为解决上述问题可以采取完善相关法律法规、进一步完善养老保障体系、统筹经济区域发展、缩小区域经济发展差距等措施。

弹性退休制度是相对现有退休制度的一种更为人性化的制度。夏利民(2012)在法学的角度下对延迟退休制度进行研究,认为延迟退休法律规制的原则是公平基础上的分类设置、利益平衡下的可操作性,目标是人权理念导向下的强制与自愿相结合,并分析了弹性退休制度的法律规制内容,包括明确男女平等的退休年龄、明确最低和最高法定退休年龄、相关的法律规制程序、退休权的法律救济,并且弹性退休制度的推行还需要相关政策措施的配套。冯彦君(2021)认为弹性退休制度作为一种法律制度供给,体现了法的基本要义和公民权益的保障要求,也是回应中国人口老龄化需求的制度回应,分析了如何制定弹性退休制度的法律内容:明确退休权为职业劳动者的基本权利、坚持男女平等制度设计思路、明确规定退休年龄和缴费年限等一般退休条件和健康状况等特殊退休条件、法定退休年龄按照脑体劳动加以区分。

5. 关于农村养老制度的研究

依据第六次人口普查的数据,我国 60 岁以上老年人占总人口数的13.26%,65 岁以上老年人口的占比为 8.87%,居住在城镇的人口占比为49.68%,居住在农村的人口占比为 50.32%,由此可以看出我国农村的养老问题面临着严峻的挑战。特别是随着农村经济的发展和人口结构的变化,农民对养老保障的数量和质量都提出了更高的要求,农村家庭的养老负担也越来越重,农村的养老问题越来越成为新农村建设的一个突出的问题,从以下几个方面对该热点进行分析。

首先,从农村养老制度适应性的角度来看,赵茜(2016)提出随着中国城镇化进程的推进以及老龄化程度的不断加深,传统的家庭养老方式已经不能适应新时期农村的养老需求,农村养老制度的改革迫在眉睫,并以新疆一个村作为调研的研究对象,认为城乡居民养老保险的出现在一定程度上缓解了农村的家庭负担,但是要想在根本上解决农村的养老问题,还需要政府处理好家庭养老和社会养老的关系,使二者相互配合、优势互补。齐琳娜(2008)认为农村养老保险问题是农村社会保障问题的关键问题之一,通过对农村四种养老模式的分析,找到我国农村养老制度问题是由现代保险意识薄弱、农民经济收入较低、管理体制尚未完善、国家不够重视等原因造成的,同时提出可以通过实施分类养老保障(纯农业人员实行农村养老保障、农民工实行社会养老保障)、完善相关法律法规、创新家庭养老的方式、提高农民以及政府对社会养老保障的认识等对策来改善农村社会养老保障的情况。李雷(2020)认为失去土地的农民存在养老保障困境,发现失地农民的再就业能力不足,参与养老保险的意识低,传统家庭结构稳定性弱化是导致失地农民养老保障困境的原因,提出建立失地农民养老保障专项基金,多样化农村养老保险体系,转变失地农民的养老理念、增加失地农民的就业机会等对策以优化农村养老制度。

再次,从农村退休养老金的角度来看,苏祥(2019)在新制度主义的视角下,为农民参保行为的实证研究提供了一个新的解释框架:制度场域,通过对场域中家庭养老与法律规制、新农保与法律规制、家庭养老与社会互助、新农保与家庭养老四种制度之间相互关系的分析,认为家庭养老受到所有制度的支持,家庭养老将会一直存在于农村社会中,而新农保与家庭养老的结合将会缓解农村的社会保障问题,并通过上述关系来分析农民的参保行为。曹瑛(2014)从制度安排的角度,分析了20世纪50年代自然就业的特征、弊端,提出了农民制度就业、制度退休的问题,建议土地集中、建立农民退休制度并与转让土地密切相连、农业就业适当增加门槛、遵循农民自愿交出土地的原则并给予养老金激励,并对土地的交出时间、养老金的来源等都提出了相应的建议。郑雄飞(2020)认为新时代带来新变化,社会转型升级和农民身份多元化需要拟合地权和社保相关制度设计,积极探索土地保障与家庭保障相结合、承包经营权转让与农民退休机制创新,协调进城落户农民的地权自愿有偿退出机制等农民退休的制度基础和路径选择。

最后,从农村养老方式选择的角度来看,李捷枚(2016)对20世纪50年代农村社会保障模式进行了分析,认为家庭养老不仅在农村养老保障模式中占据主导地位,在整个中国养老保障体系的构建中也发挥着不可替代的作用,同时提出政府应在构建农村社会保障体系的过程中注意政府的角色定位、明确责任边界、确保制度设计的合理性与可持续性,更要注意非制度性因素的作用。张正军等(2012)从宏观、制度扩张以及静态均衡的角度分析认为社会养老的推行并没有取得应有的效果,提出在农村还是应该以家庭养老为主,在相当长的一段时间内农村的养老制度都应是稳定、拓展、补充家庭养老模式,并且应当给予家庭养老相应的政策支持。赵茜(2016)以新疆M村为调查对象,认为农村社会养老保险出现了一定的不适应性,家庭养老仍然发挥着重要的作用,在农村养老保障体系构建的过程中不仅要注重社会养老保险的全覆盖,同时也要注意家庭养老的重要作用,使二者共同服务于农村养老保障体系的构建。王维等(2020)通过对河南、江西等4省8村的实地调查,发现农村不同养老方式均存在困境,家庭养老被动转型趋向商业化,处于起步阶段的农村社区养老发展力量不足,农村社会保险处于低水平状态,无法有效应对日益严峻的农村养老危机。应整合农村养老资源,建构综合性的农村养老服务模式。

6. 关于养老制度改革的研究

分散化、碎片化的社会养老制度,会造成各种社会制度之间的不公平,也不利于维护社会的稳定,同时由于不断加深的老龄化程度,老年人多样化的健康养老需求已经不能被当前的养老制度所满足,因此对我国养老制度的改革势在必行。以下是对该热点的分析。

首先,对我国养老制度改革现状的研究,王德文(2006)认为在中国经济转型时期,虽然遵循了一般的国际经验来构建社会养老制度,但是从趋势上看,人口老龄化和城市化对中国养老制度提出了挑战。陈友华(2012)认为养老问题已经成为当前社会和政府关注的重点,虽然在养老的问题上已经达成了一些共识,政府也采取了一系列政策措施,但是在实施的过程中,虽然取得了一定的成效,但是政府出台的养老政策的合理性也受到诸多质疑。胡湛等(2012)认为人口老龄化问题已经成为现代社会面临的一个普遍问题,但是与西方国家不同,在中国经济不发达、就业不充分、社会保障体系不完善的条件下,中国只有在充分发展经济的同时融入养老制度改革,才能使中国的养老制度更具可持续性,而不只是一种应急策略。陈茉(2019)认为我国进入新时代以来,我国的养老制度正在进行三险共存到城乡一体的转轨,通过城乡居民养老保险制度并轨改革以及事业单位与企业职工养老金并轨完善中国特色社会主义养老制度。

其次,对我国养老制度改革问题的研究,王德文(2006)通过养老制度现状的分析得出现收现付制未来是无法为城市社会养老制度服务的问题,而传统的养老制度没有基本的养老金基础,使新体制下的养老制度面临着庞大的养老金缺口难题,造成这一问题的原因是:制度设计的缺陷、空账和预期收益率低。陈友华(2012)对中国养老制度的质疑主要体现在:养老服务的定位问题、居家养老服务对志愿者服务的依赖问题、居家养老服务对当前我国养老问题的作用程度问题、示范性养老基地的建设问题、老年优待制度设计的合理性问题、家庭养老与抚养协议问题,同时对中国养老认识进行了相应的反思。胡湛、彭希哲(2012)认为中国养老面临的问题有:人口老龄化带来的社会抚养压力加大、社会养老金制度和医疗体系的不完善、社会服务的缺失和传统家庭功能的弱化等,也就中国现有的养老制度和人口结构之间的不匹配造成的养老需求和养老资源供给之间的不平衡。张开云等(2021)认为我国的城乡居民基本养老保险制度的运行存在基金筹资风险,基金贬值风险与支付风险,制度待遇风险,这些风险挑战抑制我国养老制度的完善,有损老年人的合法权益。

最后,对我国养老制度改革对策的研究,王德文(2006)认为可以通过建立农村养老保险制度来健全农村的养老制度以及通过建立个人积累制度来完善中国养老制度,以推动应对人口老龄化、协调城乡发展、优化人口结构。陈友华(2012)认为可以在转变的社区职能以让社区成熟起来、在城市建设中考虑老年人的特殊要求、制定合理的社会政策几个方面进行思考,以推进中国养老制度的改革,增加中国养老制度的合理性。胡湛、彭希哲(2012)在发展型福利的视角下,从协调经济发展和社会发展的关系、强调社会福利的生产力转型、促进福利主体的能力发展几个方面对发展型福利的内涵进行了解释,认为可以通过重塑养老制度安排的价值立场、重视短期目标与中远期目标的整合、建立专管老年人事物的机构、推动老年福利的适度普惠、在机会平等的基础上推动老年人参与发展过程来改革中国的养老制度。凌文豪(2020)认为我国农村家庭养老面临复杂的挑战,可以从完善法制体系、完善以坚持家庭养老主体地位的顶层设计,推进社会养老理念,构建统一的城乡养老保险体系四个方面展开养老制度的改革。

7. 关于我国养老保障体系构建的研究

在我国老年人口数量和人口比率逐渐加大的情况下,对我国现有的养老保障制度改革迫在眉睫,本研究热点从养老保障体系的现状、问题、对策三方面进行分析。

首先是对养老保障体系现状的研究。黄桦(1998)认为,我国养老保障制度的特点是,覆盖面主要是国有企事业单位和部门,各地区缴费方法和缴费率差距较大,实行的养老金统筹制度、养老金成本率与缴费率不对称。许霞等(2016)认为经过多年的探索,我国养老保障体系的现状是包含国家基本养老保险、社会补充性养老保险以及个人补充性养老保险三个层次,并对三个层次进行详细的分析。周爱民(2019)认为我国养老保障制度的内容体系不断丰富,结构体系日臻完善,多元参与的社会养老体系初具格局,但是同时我国养老保障体系存在功能失衡,养老金具有可持续风险,社会养老服务有效供给不足等挑战。

其次是对养老保障制度问题的研究。黄桦(1998)认为当前我国养老保障制度的问题包括:没有将企业年金和社会福利分开、地方和行业统筹的模式并没有被打破、阻碍劳动力流动、现收现付制难以形成必要的积累、养老金积累未得到有效的资源配置等问题。许霞等(2016)认为我国养老保障体系存在的问题包括:养老制度存在(双轨制、城乡分立)的局面、社会养老保险可携带性及流动性差、社会保障制度的可持续性差。穆怀中(2020)认为我国养老保障制度以养老资源效应最大化为优化主线,优化的基本方位是养老人口供需结构不平衡,缴费型公共养老保险缴费率和给付替代率的不可持续,养老保险制度转轨中的资金来源不可持续,公共养老保险制度设计滞后,农村养老保险给付的制度设计不完善。

最后是对养老保障体系构建的对策研究。黄桦(1998)认为,为完善我国的养老保障体系可以借鉴世界银行的多支柱制度来完善我国的养老保障制度,并提出我国养老保险的三支柱分别是:社会保险税支柱、强制的养老储蓄基金制、自愿缴纳的补充养老基金制。杨良初(2019)认为我国目前的三支柱养老保障制度存在可持续发展弱的现象,基本养老保险第一支柱独大难以为继,补充养老保险和商业养老保险发展受阻,制度覆盖人群的养老保险不公平。许霞等(2016)认为可以通过采取强化政府责任实现全国统筹、改革养老基金的管理体制、加快发展储蓄性养老保险的建设等相关措施来完善我国的养老保障体系。

8. 关于特殊群体养老制度的研究

特殊群体的养老问题主要是指空巢老人、失独家庭、经济欠发达地区以及农民工的退休养老问题,这一群体相对于普通的老人来说,在经济收入、生活条件等方面都有一定的不同,若没有外界的帮助,他们的老年生活很难得到保障,这一群体的养老问题也是构建社会养老保障体系最重要的一环。

李春仙(2016)以陕西省为例,对农村空巢老人的养老保障进行分析,随着经济社会的发展,农村大量劳动力外流,造成空巢老人的数量逐年增多,而空巢老人的养老问题有经济来源少、缺乏医疗保障、不享受低保、物质和精神层面缺乏照顾、抵御风险的能力差等问题,为缓解这些问题需要采取完善相关制度保障、政府加大资金支持力度并引入社会资本、建立居家养老保障模式等措施。龚志文等(2015)在需求溢出理论的视角下,对失独家庭的养老问题进行了分析,发现失独家庭面临着精神慰藉、经济支持、日常照料、法律援助、心理疏导等养老问题,要缓解这些问题需要建立一个自我供给、交换供给、自愿供给、强制供给的差异性供给制度体系。李琼等(2017)认为相关主体的筹资能力是经济欠发达地区社会养老制度可持续发展的条件之一,并以湖南武陵山为例,通过静态和动态两种方式测算地方财政和居民个人主体的筹资能力,认为县域经济发展不平衡,地方财政负担较重,建议可以通过发展特色经济、科学规划地方政府的财政责任来增强各主体的筹资能力。赵仲杰(2020)认为农村失独老人是不可忽视的一个群体,农村失独老人面临养老医疗短缺、隔代养育困难、精神创伤严重等困境,应建立兼顾对农村失独老人共性与特性的养老保障制度,包括健全永久性农村失独家庭社会保障制度体系和完善农村失独家庭的关联性制度。

第三节　研究思路与研究方法

一、研究思路

新中国成立70年来,60岁及以上老龄人口比例从5%升至2020年的18.7%,我国的养老制度也在不断调整、优化。通过中国养老制度的演化研究,总结成功经验,指导新时代养老制度的发展。同时发现养老制度还存在信任危机、供给不平衡、制度环境生态化不足等问题。十九大提出的"健康中国战略"为养老制度的健康发展指明了方向。通过"健康养老"理论构建,以制度演化理论分析框架研究健康养老制度的创新,为积极应对日益加剧的人口老龄化提供参考。研究主要包括三大部分:

（一）从演化经济学理论视角对中国养老制度创新发展的核心价值、内在逻辑进行探索以及对新中国成立以来的养老制度演化进行研究

1.演化经济学理论的核心内涵、构成要素及适用性分析

围绕演化经济学的基本分析框架"创新机制—扩散机制—选择机制及其互动",深入剖析养老制度演化过程中的创新、扩散、选择及其互动关系。关注该理论方法系统性、耦合性等特点,考察该理论应用于养老制度创新研究的适用性和必要性,构建研究的理论框架,立足于创新养老制度研究。

2.新中国成立以来的养老制度演化及实践效果分析

按时间脉络,以养老制度重大调整为节点,阐释了中国养老制度初立、养老制度探索、养老制度改革、养老制度全面改革等四个阶段的演化情况,研究不同阶段中国养老制度的运行动态。通过权威数据对中国养老制度的实效进行分析,从具体制度和形成逻辑进行研究,探寻养老制度演化的内在动力。

（二）养老制度创新的扩散机制、选择机制及其互动

1.养老制度创新的扩散机制分析

通过典型个案研究方法,以"林海模式"阐释了社区居家养老制度创新的传染病扩散机制,以"南京模式"阐释了时间银行互助养老制度创新的社

会阈值扩散机制,以"杭州模式"阐释了代际学习中心养老制度创新的社会学习扩散机制,系统分析了养老制度创新被复制和采用的机理。

2. 养老制度创新的选择机制分析

基于实证研究所获得的数据,市场选择因素(养老需求、养老供给)、文化选择因素(老年教育、宗教信仰、科技、习惯、道德规范)、政治选择因素(政治生态、法制建设、决策透明、民生导向)等都将对养老制度的创新产生不同程度的影响。在此基础上,剖析现有养老制度创新的动力因素(养老制度信任危机、供给不平衡、制度环境生态化不足),为养老制度的全面创新提供基础。

一项养老制度创新生成后,在广泛推广、被采用的过程中,扩散机制与选择机制相互影响,扩散机制就是研究制度创新为什么会被推广、采用,以及如何被广泛推广、采用的机制。在此过程中,随着制度创新的扩散,多样性的减弱机制也会随之变化,各种选择影响因素对演化单元的适应性作出判断,进而影响制度创新的扩散,最后共同演化成主流状态。

(三)"健康中国战略"的激励生成及"健康养老"制度创新路径

1. "健康中国战略"与"健康养老"制度同构

通过对"健康中国战略"内涵(健康国民、健康覆盖、健康环境)的阐释,研究发现"健康中国战略"与"健康养老"制度主体重合、目标相同,即老年人是健康危机最大的主体,同时也是健康需求最多的主体,老年人健康的社会机制由此产生,包括:经济机制—最低生活保障(健康保障);伦理法律机制—赡养;政治制度—社保制度;文化心理—老人是家庭的道德核心等。在此基础上对"健康养老"的内涵进行解读,尝试从积极养老、智慧养老、生态养老、文化养老等四个维度构建"健康养老"的理论框架。

2. 中国健康养老制度创新路径

在上述专题研究的基础上,从健康养老理念构建(积极老龄化、老年人关爱行动、老年人与养老环境和谐共生)、医养制度创新(医联体构建、深化家庭签约医生服务、完善医疗药品保障、全面推进中医养老)、康养制度创新(互助养老制度深化、完善财政支持制度、定向创新养老制度、智慧养老制度深化)、护养制度创新(养老服务人才激励创新、养老信用制度完善、全面推行长期护理保险制度、安宁疗护与养老有机整合)等方面构建中国健康养老制度创新路径。

二、研究方法

1. 社会网络分析法

获取养老制度主题关键词共词矩阵，绘制知识图谱，根据关键词聚类和共现关系对养老制度的创新现状及导向进行探究；跟踪并掌握演化经济学理论的国内外前沿观点及最新研究成果，扎根中国实际，在实地考察的基础上将演化经济学理论植根于中国特色土壤，探究其延展性与适用性，构建养老制度研究的理念框架，理清中国养老制度创新的内在机理、过程及逻辑。

2. 实地考察法

采取实地调研的第一手数据同公开发布的官方数据相结合的方式剖析养老制度创新问题。通过走访 11 个街道和社区，同 62 位社区书记、居委会主任与养老机构负责人进行深度访谈来收集第一手的调查统计数据和事实文本资料，共得到 550 份有效问卷，以此来具体分析养老制度创新的主要影响因素及当前养老制度创新的动力因素。

3. 案例研究和比较研究法

演化经济学理论基础应用于养老制度创新是国际上的一个前沿研究领域。通过实地调研与资料分析，对我国一些先进典型案例在养老制度创新、扩散、选择方面进行研究，充分挖掘养老领域业已取得的理论和实证研究成果，增强研究成果的可读性以便于政府决策者理解与借鉴，针对养老制度创新问题提出政策建议。以演化经济学理论为研究视角构建符合中国特色的健康养老制度创新路径。

第二章　理论基础与分析框架

第一节　核心概念

一、健康养老

健康养老是在我国进入社会主义新时代背景下提出的全新概念,是在对健康中国战略的深刻理解后凝炼而成,充分彰显了制度自信,具有鲜明的时代性、创新性。

本研究认为健康养老是指通过积极应对老龄化、便捷智能的养老服务提供、传统文化与现代艺术融合的精神滋养、可持续发展的养老生态环境等实现老年人养老的健康态。健康养老包括积极养老、智慧养老、文化养老、生态养老四个层面,旨在实现老年人享老、乐老的晚年生活梦想,助力健康中国战略实现。

二、制度创新

关于制度定义,不同的学者有着不同的解释。老制度学派的凡勃伦认为制度是一般的、确定的思想习惯,是流行的精神态度。而同样是老制度学派的康芒斯认为制度就是集体行动控制个体行动;制度经济史学派的诺斯认为制度是博弈规则,而组织则是博弈参与人;新政治经济学派(奥尔森、布坎南、唐斯)认为制度就是行为规则;后制度主义学派(加尔布雷斯)认为制度的根本因素是权力和权力的分配;新熊彼特派(尼尔森、温特)认为制度是持久的、规范化的行为类型和社会组织。本研究以黄凯南对制度的定义为基础,制度是指参与主体间互动形成的规则系统,在形成后进一步协调、组织和约束参与者间的互动,从而影响和塑造参与者间的互动模式、互动过程及互动结果。

制度创新是指社会政治、经济及管理等制度的革新,是在结合实际环境条件下,创立更能激励人们行为的新制度,改变人们行为和相互之间的关系的规则、变更组织与外部环境之间的互动关系,进而激发人的创造性、积极性,使新的知识得以创造、社会资源得到合理配置,推动社会不断进步。创新的前提即为制度创新,如果旧的、落后的制度不及时进行创新,将制约创新的产生。

对制度环境而言,政府的创新与否至关重要。创新型的制度、文化等的产生要靠创新型政府的实现,好的制度环境本身即为创新。目前中国的养老制度在创新方面所面临的体制、机制、政策等诸多挑战,在很大程度上取决于中央及地方政府的改革力度及创新思路。

三、制度演化

经济学的主流范式没有完整的制度演化的理论,更多会用"制度变迁"。制度变迁理论认为,当生产技术、外生交易费用、资源的相对价格、制度选择集等因素发生变化时,新制度就会被人们需求;制度会因为原有制度均衡被打破而出现失衡;而新制度安排因制度失衡的存在,其获利机会会出现;当制度变迁的交易费用不过高的情况下,制度变迁甚至经济结构的变迁都可能发生。这个前提是制度供给者存在。经济行为主体本身可能是制度供给者,他们确立一项新制度是通过集体选择;政府也可以是制度供给者,尤其当政府具有强大实施力量的时候。

第二节 理论基础

一、演化经济学与制度演化

演化经济学作为经济学研究的新范式,是指对经济系统中新生事物的产生、扩散,以及由此导致的结构转变的研究(贾根良,2005)。它吸收了生物演化理论、自组织理论和人工智能,以及复杂系统理论等学科的研究,该理论体系极其庞杂。演化经济学涵盖了众多经济学流派,如旧制度学派、新熊彼特主义、奥地利学派、熊彼特主义和桑塔费学派等(Hodgson,1999;Dopfer、Potts,2004)。研究范式多样性,意味着演化经济学尚未成熟,自身还处于"范式竞争"发展阶段。各种范式差异表现在两方面:是否坚持经济演化和生物演化属于同一本体域的本体连续性假设(ontological continuity hypotnesis),认为二者演化过程密切相关;在解释经济演化过程中,是否运用达尔文主义"变异、遗传和选择"的演化原则(Wit,2007)。

故演化经济学可以分为以下研究范式:第一种是坚持同一本体论,同时也运用达尔文主义演化原则。此研究范式的代表有凡勃伦(1898)、雷奇逊(1999,2002)、道金斯(Dawkins,1983),认为达尔文主义的演化为开放系统的演化提供了抽象、一般化的解释框架(Hodgson,Knudsen,2006,2008),具有普适性。第二种是在坚持同一本体论时,对达尔文主义演化原则并不采用。此研究范式不运用"变异、遗传和选择"来研究演化过程,虽然注意了生物系统与经济系统之间的关联,而阐释演化过程中,则运用复杂系统理论和自组织理论。而社会群体选择理论,大多数强调基因和文化协调演化,通常也采用这类研究范式(Hayek,1987;Henrich,2003;Bowles、Gintis,2004)。第三种是采用达尔文主义演化原则,但是不同意同一本体论。采用这种研究范式的代表主要是纳尔逊和温特(1982)为代表的"新能彼特主义"。第四种是对同一本体论及达尔文主义演化原则都反对,以熊彼特为代表,他强调经济学必须建构自身的内生发展理论(Schumpeter,1932),经济发展思想应该独立于生物演化思想。熊彼特和凡勃伦在此四种范式中对立。例如:凡勃伦采用生物学隐喻,熊彼特则反对任何的生物学隐喻;凡勃伦强调制度的重要性,而熊彼特强调技术的重要性。其他两种范式可以被视为凡勃伦和熊彼特的混合。实际上,现代演化经济学的发展也主要表现为这两种范式的相互调和、交流和借鉴。例如,当前流行的新熊彼特主义是熊彼特范式和凡勃伦范式结合的典范,它完美地将熊彼特的技术演化观和凡勃伦的制度演化观紧密结合。范式间的综合与调和将是演化经济学发展的大势所趋。

制度演化是所有相关参与者,在借助有限理性同市场选择互动的结果。本研究采用国内在演化经济学研究方面有所建树,对演化经济学的研究具有前沿性的黄凯南对制度的定义:从参与者的认知过程来考察制度的演变,参与者之间互动,进而形成一定的规则系统,即为制度,制度形成后,对相关参与者间的互动将会进一步组织、协调和约束,进而对相关参与者之间互动的模式、过程以及互动结果进行塑造和影响。

二、演化经济学的基本分析框架

1. 创新机制—扩散机制—选择机制及其互动

生物隐喻被许多经济学家不看好,是因为演化思想在达尔文之前早就存在于哲学与经济学中,且生物的和经济的演化系统本质上是有区别的(何梦笔,2004)。他们认为,经济演化理论没有必要借助生物学隐喻。霍奇逊（2002.2007b）强调，生物学隐喻并不是生物学还原主义，也不是生物学帝国主义。它并不是将经济演化现象还原为生物演化现象，且达尔文主义的"变异、选择和遗传"只是个抽象化了的演化原则，对于具体演化过程，它并不描述，应该将自组织和复杂系统理论等内嵌于其中，这样才可以准确地解释经济系统的演化。

黄凯南遵循达尔文主义的基本原则，他提出一种新的表述方式，同时又体现社会经济演化的特征，很好地避免了生物学隐喻或类比争议，各种演化流派对此都可接受。这种方式将达尔文主义的"变异、选择和遗传"转变为"创新、选择和扩散"："变异机制"转述为"创新机制"，"遗传机制"转述为"扩散机制"。这样，一个演化分析就建立在"创新机制""选择机制"和"扩散机制"框架上。当然演化过程十分复杂性，这三种机制之间的互动关系也必须考虑，三者的内生关系构成相互反馈解释。演化经济学的分析结构就是由这三种机制及其互动构成。社会经济系统中的各个层面，它都可能发生（个体、企业、产业和国家）。这种分析框架很好地涵盖了演化经济学各流派的一般分析方法。

2. 创新机制与选择机制的互动

创新机制主要研究创新的行为主体、行为特征以及影响创新产生的各种激励和约束机制，是指创新的产生机制（包括个体认知、技术、制度和社会文化结构等）。社会经济演化的源动力就是创新。没有创新，也就无所谓演化。但在熊彼特前，创新机制的研究都被主流社会科学所忽视。当时普遍认为创新是一种不确定行为，无法研究，多数学者将创新视为一种随机现象（Fagerberg，2004）。熊彼特（1934）研究创新主要包括三个特征：一是不确定性存在于所有创新过程；二是创新者必须能在其他行动者完成模仿前迅速行动，以获得创新利润；三是大量抵制创新的惯性存在于社会各个层面。熊彼特在研究市场结构和创新的关系后，对这种动力机制进行了解释，他认为创新活动得以实施，垄断的市场结构是先决条件（Schumpeter，1942）。纳尔逊和温特（1982）认为，创新与市场结构间是双向关系，市场结构内生于创新竞争过程。创新的约束机制包含各种稳定和保守的个体习惯、社会认知、消费习惯、生产惯例、市场制度、政治体制和各种文化传统等，内嵌于各种技术、制度和社会文化结构中，形成抵制创新的系统性偏见。如凡勃伦（1898）认为个体习惯和社会制度对技术创新有消极抵制作用。可见创新是不确定性的迅速决策行为，也说明创新主体的行为规则不同于传统新古典理性规则。在早期，熊彼特认为创新是一种创造性的破坏过程，同时也是持续打破传统均衡的过程，创新是企业家在提出各种新方案,用以解决问题时与各种惯性斗争的过程。但是在后来的研究中,熊彼特(1942)认为创新是惯例化行为,会常出现在大企业研究开发团队中,不属于企业家个体活动,这表示创新是一种集体合作创新,主体从个体转向组织,但是对于组织创新的具体行为模式,熊彼特没有详细论述。之后的纳尔逊和温特(1982)结合组织行为学,认为创新活动是一种搜寻新技术的惯例,在企业的研究开发活动中,这种学习过程得以体现。他们对基于科学体系创新(science-based regime)和积累技术体系的创新(cumulative technology regime)进行了区分。在此影响下,后来的众多研究者认为,创新是涉及各种要素互动的复杂系统,而不仅是从研究开发活动到新产品生产的线性过程。伦德瓦尔(Lundvall,1992)认为各种要素和关系在生产、利用和扩散新的经济有用性知识过程中进行互动,在此基础上形成了创新系统。弗里曼和苏蒂(Freeman、Soete,1997)认为创新是多层面互动和各种类型的学习,是市场机会与技术可能性相互匹配的过程,创新主体是各种要素互动的系统,而不是企业组织。就如图奥米(Tuom,2002)的创新网络体系、布拉茨克(Braczyk,1997)的区域创新体系。

创新机制是经济演化的动力,是多样性的生成机制。选择机制则是多样性的减弱机制,在判断各种演化单元适应性如何中,则要通过某种标准。选择适应性高的演化单元,适应性低的演化单元就会被淘汰。正是因为选择机制的存在,社会经济系统具有了判断优劣的能力,能够维持一种集中、有序和高效的状态中。因为有良好的选择机制,人类社会才有了进步。选择机制主要有三种:市场选择机制、社会文化选择机制和政治选择机制。市场选择机制以盈利能力作为选择的标准,是各种协调企业间市场竞争的准则和规则(Nelson、Winter,1982;Hanusch、Pyka,2005)。社会文化选择机制以特定的道德价值作为选择标准,是各种协调个体社会交往的文化制度包括惯例、习俗、道德规范和意识形态等(Henrich,2003;Gintis,2003)。政治选择机制以政治利益(Besley,2005)作为选择标准,是各种协调政党竞争的宪政规则、由此产生的各种正式和非正式的法律法规。近年复兴的多层级选择理论认为,选择机制作用在个体、组织、企业、产业以及区域和国家等多层级中(Hayek,1987;Wilson、Sober,1994,1998)。由于三种选择机制在各种层级中的互动,选择机制表现为一种复杂的层级嵌套系统。

创新与选择机制在传统研究中,并不考虑其互动关系,而只是先后的时序关系,创新促使经济系统产生新奇,之后选择机制再对各种新奇进行筛选(Nelson、Winter,1982;Hodgson、Knudsen,2008)。而在社会经济复杂的演化过程中,无论是创新机制还是选择机制,都是一种复杂的系统,两者之间可存在多层次互动。选择机制也会影响创新产生,而不仅是在创新后才起作用。选择机制与创新机制的互动表现在以下方面:一是对于积累型或渐进型的创新而言,市场选择机制能够有效发挥影响,可能促使高效率的企业获得更多资源,这样会进一步利于企业技术积累和创新。而对于无效的市场选择而言,它会导致资源无法流向最具创新能力的企业而阻碍创新。二是对许多社会文化选择机制而言,其本身就塑造了创新主体的认知、偏好和各种内在约束,进而对创新产生系统性的影响(Hayek,1952;Lane,2005),个体的创新意愿会因处于鼓励创新的社会文化中而提升,因为创新活动而从中获得正向心理效用以及社会效用。而相反的,个体的创新意愿因处于反对创新的社会文化中而表现较低,从创新活动中会相应获得负向心理效用和社会效用。三是政治选择机制由于受到国家产业战略、教育、科学投入、法律法规、公共服务、金融体制、财税体制、贸易政策、知识产权保护、政府采购和管制等影响,无论是对某个具体企业和产业的创新水平,还是对整个国家的创新水平(Nelson,1992;Murmann,2003)都会产生影响。

创新机制同样也在影响选择机制。如由于技术范式创新的产生,全新的产业和市场可能会随之产生,新的市场选择机制得以生成发展。虽然在初期积累性的创新会对市场选择力量产生减弱,但之后对市场选择机制可能进一步完善;如果某些在市场选择下保留下来的创新不被社会文化支持,就可能引起个体间社会交往的不确定性,这种创新会推动各种交往的习俗、惯例以及规范等进行演变,从而推动社会文化选择机制演变(Lane,2005;黄凯南,2006a)。如果创新同时受到社会文化和市场选择机制的支持,原有的社会文化选择就将被这种创新强化,而且还可能促进两种选择机制的进一步耦合;某些创新受到市场选择机制和社会文化选择机制的有力支持,但却不受政治选择机制的支持,这种创新也可能被保留下来并促进政治选择机制变革。但是如果创新受到市场选择、社会文化选择和政治选择的支持,就将强化三种选择机制的耦合,形成相对稳定的选择系统(黄凯南,2006b)。

3. 创新机制与扩散机制的互动

创新被复制和采用的过程即为扩散机制。罗杰斯(Rogers,2003)认为扩散是创新通过特定渠道在一段时间后被社会成员知道、接受和采用的过程。创新扩散主要是研究新知识和新技术能够被传播的原因、方式以及速度的问题。所以,从接受者角度来看,扩散过程是一种学习过程,是新知识和新技术传播的过程,发生在社会各个层面。扩散机制可以理解为是一种多层次的学习机制。新技术因缺乏扩散机制而会被限定在极少数创新企业里,如果经济系统没有任何的知识外部效应、正反馈效应和网络效应,社会经济的发展速度就会减缓。创新扩散有三种典型模型:一是传染病模型(contagion model),即个体一旦与其他采用某项创新的个体接触就会采用这项创新;二是社会阈值模型(social threshol dmodel),即个体只有等到群体中采用某项创新的个体达到一定的数量或比重(阈值)时才会采用这项创新;三是社会学习模型(social learning model),即只有从创新使用者身上获得足够的信息以证明采取某项创新是有利的,个体才会采取这种创新(Young,2007b)。报酬递增与路径依赖是扩散机制的主要特征。研究表明,新技术扩散会呈现出显著的路径依赖,主要包括市场初始条件、各种影响技术推广的制度和管制以及消费者的预期等(David,1985;Kemp,2000)。阿瑟(Arthur,1989)指出扩散过程具有报酬递增特点,某些技术的采用因为正反馈效应和频率依赖而导致流行技术的锁定。而多数情况下这种被锁定技术不是最优的。

扩散机制的影响因素多样:通过即有规则、随机和小世界等三种网络结构对扩散的影响研究(Watts、Strogatz,1998),发现互动的网络结构会影响扩散机制。在有规则的网络结构中,虽然系统有较低的知识扩散速度,但是个体间互动却表现出集聚程度较高。但是在随机网络结构中,虽然个体间互动表现出较低集聚程度,但系统却表现出较高的知识扩散速度。相比较而言,最为理想的互动模式是小世界网络结构,它同时具有较高的集聚程度与知识扩散速度;互动主体间的异质程度对扩散产生影响,包括偏好、认知、信念、知识存量、学习能力和吸收能力等的差异。新技术从创新者扩散到模仿者通常会存在一定的时滞,而时滞的长短主要受到主体间的异质程度影响。异质程度影响扩散速度,主体间的异质程度越大,新技术的扩散速度越慢(Rogers,2003;Young,2007b);技术和制度会影响知识的扩散速度,在知识扩散中,通信技术十分重要,制度或组织结构的不同影响信息的编码和抽象程度(布瓦索,2000;青木昌彦,2001)。

在经济演化中,扩散机制和创新机制也会产生互动。扩散机制对创新机制从以下几个方面会产生影响:一是有些扩散能够引起创新,也就是说,创新内生于扩散机制中。创新在扩散过程中,在原有创新技术上,模仿者可能会再次创新,而这种扩散可能再引起创新,进而出现创新竞争。二是创新扩散的互动网络结构对创新也会产生影响。有规则的网络结构会表现出两种特征:强创新能力、弱扩散能力。但是随机网络结构的特征是弱创新能力、强扩散能力。而对于小世界的网络结构来讲,其表现的特征是强创新能力、强扩散能力(Watts、Strogatz,1998)。三是由于创新的扩散过程存在路径依赖与报酬递增的特征,导致有些创新会被锁定,那么这种锁定会抑制新的创新。

4. 扩散机制与选择机制的互动

其实扩散机制和选择机制通常情况下是很难区分的。市场是一种扩散机制,同时也是一种选择机制。创新的扩散过程也可以被看作是选择过程。许多演化理论将它们等同起来,或只是研究其中的一种机制。如熊彼特(1934)只重视扩散机制,认为选择过程包含在扩散过程中,他主要研究创新的产生及扩散。而纳尔逊和温特(Nelson、Winter,1982)更重视选择机制,侧重于研究创新的产生和选择。其实两种理论的预设都有偏向,即建立在特定的隐含预设上。无论是"被扩散的创新一定是被选择出来的创新"的预设,还是"被选择出来的创新一定会被扩散"的预设,其实都是有问题的。能够扩散的创新可以看作是被选择出来的创新,但有些扩散的创新也不是被选择出来的。某些被扩散的创新可能不是被选择的对象,而是被选择对象的副产品(弗罗门,2003)。某些创新在选择机制尚未形成或者失效时,也可能未经选择机制的筛选,就迅速流行并扩散起来,而可能要过一段时间,这种流行和扩散才会被选择机制优胜劣汰。同样道理,许多创新被选择出来,但是却不一定会被扩散。

第三节　分析框架

在2019年春节团拜会上,习近平指出,大力发展老龄事业,让老年人都能有一个幸福美满的晚年。要在全社会提倡赡养老人、尊敬老人、关爱老人。这为不断满足老年人多元化、多层面的健康养老需求指明了方向。新中国成立70年来,也是我国养老事业不断改革的70年。从1950年开始探索建立社会福利制度开始,我国的养老事业始终聚集于老年人对美好生活的期待,不断完善养老制度供给。进入新时代,养老制度更多聚集老年人健康养老需求的保障。《中华人民共和国老年人权益保障法》于2012年底修订,对于我国的社会养老服务体系的构建,首次以法律形式确立为居家是基础、社区作依托、机构为支撑。2013年出台了《国务院关于加快发展养老服务业的若干意见》(国发"35号文"),此政策为中国的养老服务改革提供了强大的动力。这是第一次从国务院层面对养老服务发展进行推进,同时提出2020年将养老服务业外延拓展到更多领域的目标。党中央从时代前沿和长远发展出发,提出"健康中国战略",这是优先考虑人民健康、关注人民健康发展的方案,充分体现了新时代的特色。并提出中国的养老服务体系到 2022 年全面建立,中国特色养老服务体系到 2035 年成熟定型,到本世纪中叶,中国的养老服务制度要成熟完备,与社会主义现代化国家相匹配。在习近平新时代中国特色社会主义思想指引下,新时代养老服务工作,从习近平关于民政、养老等重要论述中积极探索,寻找答案,坚持平等、共享,体现了文化自信。

制度演化一般涉及四个过程:新的养老制度的产生;新的养老制度被人们所认可并接受;一项新的养老制度产生更高的价值,它就有可能被保留并进行扩散,从而形成稳定的制度系统;旧的、不适用的养老制度被淘汰。这个过程涉及演化经济学的基本分析框架,即创新机制—选择机制—扩散机制。但本研究认为,一项新的养老制度的创新产生,是在以往旧有养老制度体系的扩散、选择及其互动过程中出现创新动力后的结果,有了新的创新动力才会产生制度创新,故本研究对演化经济学的基本分析框架进行了修正,即我国的养老制度演化分析框架为"扩散机制—选择机制—创新机制—扩散机制"。

这一切都为本研究的健康养老制度创新奠定了有力的基础。在此基础上,本研究尝试系统回答以下三个问题:健康养老制度创新能否从新时代中国特色社会主义理论体系中寻找到依据?养老制度健康化创新是否可以打破养老制度演化的路径依赖?"健康与否"是否能够决定养老制度的实效?综合上述分析,本研究将从"制度扩散机制—制度选择机制—制度创新机制—制度扩散机制"的框架分析中,展开对健康养老制度创新的研究(见图 2-1)。

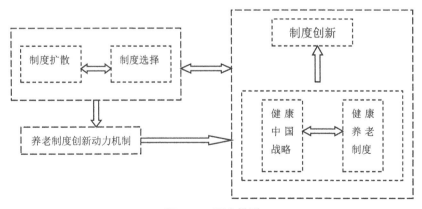

图 2-1 研究模型

养老制度的扩散机制是研究现有的养老制度体系中新的养老制度被扩散的机理。新的养老制度的扩散，按照黄凯南的演化经济学理论，也会存在三种扩散方式：养老制度的传染病扩散模式，即个体一旦与其他采用某种养老制度创新的个体接触，也会接纳这项制度创新；养老制度社会阈值扩散模式，即个体等到老年群体中采用某种制度创新的个体达到一定的数量或比重时，也会开始采用这项制度创新；养老制度的社会学习扩散模式，即只有从采用制度创新的老年人身上获得足够的信息，证明采取这种制度创新是对老年人真正有利的，个体才会采取这种制度创新。通过制度扩散机制研究了解各种养老制度扩散模型的生成机理，研究到底哪些养老制度或者制度的哪些方面存在不足。

养老制度的选择机制是研究新的养老制度在扩散的过程中，是如何被接受的机理。养老制度的创新机制也是多样性的生成机制，为养老制度的演化提供动力。而养老制度创新的选择机制是多样性的减弱机制，它通过某种标准来判断各种演化单元的适应性。适应性高的养老制度创新会被选择，适应性低的养老制度创新被淘汰。没有制度创新的选择机制，养老制度的演化将无优劣可言。因此，良好的选择机制是养老制度创新的筛选机制。三种选择机制会影响养老制度创新，即市场选择机制、社会文化选择机制和政治选择机制。研究养老制度创新过程中到底哪些因素会影响市场选择机制；相对养老制度创新来讲，其社会文化选择机制主要是指社会文化制度，包括各种协调个体社会交往的惯例、道德规范、习俗以及意识形态等，道德价值是选择标准的基础，研究到底哪些因素会起关键性的作用；而对于养老制度创新的政治选择机制，其选择标准通常是基于政治利益。研究到底哪些因素在政治选择机制方面发挥了作用。养老制度好不好，应该看它被接纳的广度，养老制度创新的扩散机制就是研究养老制度如何被广泛采用的机制。随着养老制度创新的扩散，相应的三种养老制度创新的选择机制也随之发生变化，影响个体对养老制度创新的判断，进一步促进养老制度创新的扩散。

养老制度创新产生的机制即养老制度的创新机制，主要研究养老制度创新产生的各种激励和约束机制。养老制度创新是养老制度演化的源动力。在健康中国战略内涵的剖析基础上，坚持新时代中国特色社会主义文化自信，将健康中国战略与健康养老制度同构，从中尝试构建健康养老理念，探索健康养老的内涵是什么，包括哪些维度，从哪些方面构建健康养老制度的创新路径。

第三章　中国养老制度的指导思想

第一节　马克思恩格斯的养老思想

马克思主义哲学、政治经济学和科学社会主义等构成马克思主义理论。该理论博大精深,是全世界无产阶级、全人类彻底解放的学说,该理论体系涉及了经济、政治、文化以及社会等诸多方面。其实对于老龄化问题,在资本主义社会初期的时候还未引起人们的过多关注。在马克思主义理论思想中,更多体现的是对资本主义剥削制度、剩余价值等方面的研究和批判。马克思认为,对于未来的共产主义社会而言,物质将会非常丰富,不存在所谓的养老难题。马克思反对资本主义,认为资本主义的社会保障实质是为了维护社会稳定、社会生产的顺利进行,而不是从工人的利益出发,不是为了保障工人阶级生存和生活状况。资本主义催生了机器的应用和工厂生产方式,传统的家庭结构和功能也随之发生了变化。当时各国也有目的地颁布过相关的政策,以期化解资本原始积累与社会化大生产之间的突出问题,但是对于工人阶级而言,其生存状况没有发生根本性的改变。马克思恩格斯对资本家的无情剥削进行了论述,对于资本主义社会保障的本质进行了淋漓尽致的批判。

同时,对于未来理想的社会主义、共产主义社会,马克思恩格斯认为公有制才是未来社会主义及共产主义的基础。什么才是真正合理的社会保障?马克思恩格斯认为只有真正做到按劳分配、按需分配才可以。马克思对此从两个层面进行了论述:社会再生产以及剩余劳动。社会再生产是指"人类自身的生产,即种的繁衍"。而在种的繁衍过程中,政府必须承担一定的责任,单靠个人家庭是不可能满足劳动力再生产的。有了剩余劳动,社会保障基金就有了来源。马克思在《共产党在德国的要求》中阐述,国家应该保障工人的生活基本需要,对没有劳动能力的人也要提供相应的保障。从历史唯物主义、辩证唯物主义的研究视角,马克思恩格斯为科学社会主义社会养老设计了基本框架。

第二节　毛泽东的养老思想

毛泽东思想是马克思主义中国化的具体体现。而毛泽东的养老思想也正体现了马克思养老思想的中国化发展。毛泽东在早期的社会革命和建设中,根据当时较低的生产力水平,准确地提出,养老水平应该要适应经济社会的发展,而相应的养老制度制定,也要在遵循社会发展规律的前提下进行。

毛泽东的养老思想尊重科学,以经济发展水平决定养老水准。在新民主主义革命时期对养老问题就十分重视。毛泽东曾论述过资本主义的养老保障,提出资本家应该保障工人阶级的养老。毛泽东同志一直关注农民的养老问题,提出必须要保证老年人的基本生活以及养老水平,同时这种水平的涨幅,也要充分考虑到生产力发展水平,应在国家、集体所能够承受的能力范围之内。1954 年,中华人民共和国第一部宪法颁布,其中对老、弱、病、残等群体要求给予相应的保障,并关注了人民生活的改善问题。

中华人民共和国建立之初,在中国共产党正确的发展路线和方针指引下,国家的经济发展迅速,人们生活也日益得到改善,而随之而来的人口增速却超出了预期。1953 年,马寅初在第一次全国人口普查后,通过对相关数据进行分析后指出,我国人口净增长率在新中国成立后为 20‰,即我国每年净增人口 1 200 万,这是个非常大的问题,如果继续按照这个速度增长,那么 50 年后,中国将会有 26 亿人口,人们吃不饱饭将成为现实。针对当时我国的社会发展矛盾,即人口增加过快但是资金积累太慢。马寅初等专家提出,必须考虑控制人口数量,要提升人口质量、关注社会积累,这是缓解人口与经济之间矛盾关系的关键,并主张在全国实行计划生育政策。马寅初的这一建议得到了毛泽东的采纳,并在 1957 年 3 月 2 日的最高国务会议上提出“计划生育”可以进行研究试验。这种养老思想符合当时的社会发展规律。从理论上来讲,毛泽东思想中的人口与经济相适应同马克思提出的“两种生产理论”是相吻合的,都强调了人类社会发展的基础是人口生产与物质资料生产相匹配。从实践层面上来讲,毛泽东的这种养老思想在很大程度上契合了社会主义制度的本质要求,即满足人们对美好生活的需要。这种既考虑了控制人口增长速度和规模,同时又着眼于适当保障的养老思想极具战略眼光,为中国特色社会主义养老制度的完善、创新给予了思想指导。

第三节　中国特色社会主义养老思想

随着改革开放,中国的养老思想开始具有了中国特色社会主义的色彩。社会主义初级发展时期,我国的养老保障提倡人人平等、人人享有的思想。养老不是单单政府的问题,也不是个人的问题,而是包括政府、个人以及全社会所要共同面对的大问题,能够比较好地体现出国家对人民负责任的态度。继毛泽东之后,邓小平强调,我国的生产力水平仍然较低,要根据经济发展的实际情况,立足于中国国情谈养老,不能照搬西方福利国家的养老方案。邓小平提倡广覆盖的养老保险制度,同时倡导儒家的尊老、赡养思想,鼓励家庭养老方式,而不能把养老问题简单地推给国家或社会。

一个国家的养老保障能够做得如何,做得好不好,主要还是取决于生产力发展水平。对于社会主义的本质来讲,其根本要求是解放生产力、发展生产力。改革开放以来,中国的生产力发展迅速,GDP 每年以 10% 的增长速度发展,并且这种增长持续了三十余年。人们的生活水平有了极大的提高,随之养老保障也大幅提高,基本实现了对养老保障体系建设的要求,即全覆盖、保基本。在社会主义改革进程中,由于各种因素综合影响,中国的养老保障出现过待遇不平等问题。但是在社会主义初级阶段发展理念和目标——实现共同富裕的指导下,中国的养老制度不断创新、完善,探索新的改革思路,先后实行了"城职保""城居保"和"新农保"等全民养老政策,将养老待遇的差距不断缩小,减少了社会矛盾。随着改革的不断深入,进入 21 世纪以来,我国成功实行了城乡居民养老金并轨改革,以及企事业单位职工养老并轨改革,实现了从补缺型向普惠型养老保障制度的转型,进一步体现了"人人享有"的中国养老思想。

养老保障水平提高了、养老保障覆盖范围扩大了、养老起点公平化初步实现了,这是我国经济社会发展过程民生建设的显著成果,具有划时代的意义。这一系列改革,在一定程度上缓解了我国养老问题中的突出矛盾,为我国养老事业的可持续发展奠定了坚实而有力的基础。

进入新时代以来,中国的养老理念得到新的提升。党的二十大报告从"增进民生福祉,提高人民生活品质"的角度阐述了养老事业和养老产业的发展方向,即"实施积极应对人口老龄化国家战略,发展养老事业和养老产业,优化孤寡老人服务,推动实现全体老年人享有基本养老服务"。应当前中国的整体发展态势要求,我国的养老事业改革更加关注公平、公正、共享。现实中,我国老年人的生活多数仍处于较低水平,这不仅体现在物质生活层面,还体现在精神生活方面,大多数老年人的精神养老需求严重得不到满足,精神生活匮乏,相关的养老服务配套还很不完善。针对当前中国养老现状,国家从顶层进行设计,更新养老理念,提倡全社会要共同关爱老年人,照顾好老年人的生活,使老年人的幸福感、获得感增强。此次改革,还紧紧围绕技术变革的背景,提出了互联网＋养老的理念,以期实现人的自由而全面发展,做到真正意义上的公平、共享。这也是在中国特色社会主义的实践中,通过不断的检验、发展,对马克思主义理论的中国化体现。

第四节　中国优秀的传统孝老文化

中华民族是一个伟大的民族,拥有着悠久灿烂的文明。其中的孝老理念是核心的养老思想,这也是中华民族得以生生不息的道德遵循。"正心、修身、齐家、治国、平天下"完美阐释了家国同构、父君同伦的伦理政治秩序。老年人是家庭的道德核心,尊敬老人、赡养老人的养老美德一直是中国特有的道德规范。

中国的孝道文化,最早可以追溯到殷商时期。待到西周时期,"孝道"思想已然由家庭伦理上升到了政治伦理高度,构成中国特有的敬天法祖的礼制体系。无论是儒家学派的创始人孔子,还是后来的孟子,都极力推崇孝道。中国的养老思想植根于孝道文化,而孝道文化源于人自身的发展要求。远古先民在不断的生活实践中也逐渐地从图腾崇拜过渡到祖先崇拜,深刻地意识到祖先不仅赋予了他们生命,还在上天庇护他们。由此,古人对祖先的祭拜,慢慢形成了一种礼教习俗,在不断的演化过程中,孝老的道德观正式生成。

在长期的生产生活中,中国的农耕文明得益于长者的经验传授,这使得老年人的道德中心地位得以巩固,这也使得中国的孝道文化有了更加深厚的内涵。而政治层面的宗法家长制,进一步将孝道文化政治化。我国在战国后期,从奴隶制社会逐步过渡到封建社会,统治阶级从政治需要出发,建立了伦理政治制度,以维护社会稳定发展。孝老也成为中国历代王朝维护统治地位的一种政治行为。孔子、孟子、曾子等先哲们的思想都将孝、仁与政治相关联。孝道文化的政治泛化,使孝道变成了统治阶级成功实现统治维护的政治工具,得到统治阶级的极力推崇,中国两千多年来的封建统治能够延续,这其实与孝道文化是有密切关联的。

源自农耕文明的孝老文化,历经几千年的演化,凝炼成为中华民族优秀的孝道思想。这非常好地维系了"家"的血亲关联,同时也极好地稳固了"国"的统治秩序,实现了家国共治,彰显了深厚的文化沉淀和智者的理性思维。

第五节　健康中国战略

以习近平同志为核心的党中央,立足于新的历史阶段,着眼于新时代的发展要求,在十九大报告中提出了"实施健康中国战略"的战略部署,在二十大报告中强调"推进健康中国建设"。

健康中国战略的提出,彰显了中国的战略发展新理念、新思想。以习近平同志为核心的党中央,在党的十八大以来,形成了一系列治国理政的新理念、新思想、新战略:2015年党的十八届五中全会上,推进健康中国建设被首次提出;2016年中国卫生与健康大会在北京召开,习近平强调,没有全民健康,就没有全面小康。这是新一代领导人"以人民为中心"的充分体现。人民健康优先发展,健康生活普及,健康服务不断优化,健康保障不断完善,健康环境加强建设,健康产业有序发展;2016年中共中央、国务院印发了《"健康中国2030"规划纲要》,要求各地区、各部门结合实际认真贯彻落实。《纲要》明确提出,到2030年要实现全方位、全生命周期保障人民健康,包括普及健康生活、优化健康服务、完善健康保障、建设健康环境、发展健康产业以及健全支撑保障。一切之本唯健康。这一战略必须坚定不移地实施,社会主义现代化强国的实现必须要有扎实的健康基础。健康中国战略的提出,充分体现了新时代的背景下中国养老思想的再次升华。习近平强调,人民健康要放在第一位,2020年初的新冠肺炎疫情中,中国举全国之力,同心协力,对患者公平、全力救治,真正体现了健康优先,就是习近平的人民健康第一思想的最好的诠释。习近平提出,立足于新时代,要加强卫生与健康工作,积极创新改革,预防为主,健康要融入所有政策中去,真正做到人民共建共享。"大卫生、大健康"发展理念的贯彻,使得政策统筹和部门协同能力加强,真正意义上实现了以治病为中心到以人民健康为中心的转型,提高了全民的健康素养,不断提升人民群众的健康获得感、幸福感和生活质量。党的十九届四中全会指出:"坚持关注生命全周期、健康全过程,完善国民健康政策,让广大人民群众享有公平可及、系统连续的健康服务。"人民健康水平始终是核心,从医疗卫生、食品、药品、职业环境、生态环境等方方面面都与人民健康关联。转变卫生与健康发展方式,加快完善卫生健康政策,把健康融入所有政策,实现对生命全程的健康服务和健康保障。提出医疗卫生事业的公益性必须突显。这一切都充分展示出新时代中国的健康养老思想。

第四章　中国养老制度的演化历程

第一节　中国养老制度演化过程

从中华人民共和国成立，一直到中国特色社会主义新时代的开启，新中国养老制度的一路演化过程，也正是养老思想不断升华的历程（见图4-1）。新中国的养老制度从最初的探索、确立，再到改革以及全面深化改革的过程，充分体现了中国共产党对人民的关切程度不断加深，对老年人的关爱度也在不断提升。

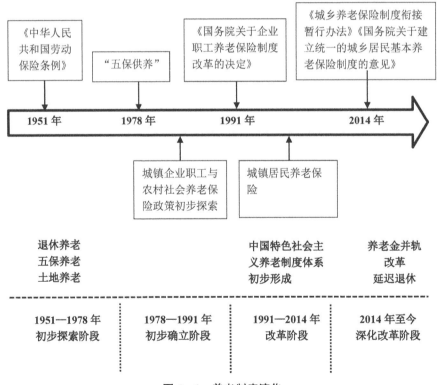

图4-1　养老制度演化

第二节　中国养老制度初步探索阶段(1951—1978)

党中央在新中国成立之初,从顶层设计上做出了构建家庭、国家、集体模式的养老体系。当时的养老制度倾向是通过一定的优惠,鼓励家庭养老为主。因为中国在当时的生产力水平较为低下,经济发展落后,加上不发达的工业,完全依靠国家养老是不切实际的。针对当时的实际情况,我国出台的养老制度主要包括退休养老、五保养老以及土地养老。虽然是以家庭养老为主,但同时国家和集体也给予适度的帮扶支持。

一、二元经济结构与城乡差别化养老制度

新中国成立后,中国作为发展中国家,当时的农业还属于落后的传统化模式,而同时也存在现代化的工业,出现了二元经济结构。而新中国为了快速恢复经济,改善人民的生活水平,在苏联的支持帮助下,制定了工业化优先的战略,与之相应地推动城市与农村进行分离发展,出现了城乡二元化的户籍、人民公社以及统购统销等特色化的制度。为了增加社会积累,国家实施的养老政策属于紧缩型,养老方面的支出很少。但是对于革命烈士及家属、残疾军人、退役军人等,国家给予了较为适当的养老扶持考虑。当时的城乡之间的差别化养老政策比较明显:对城市中的国家机关、国有企业,先后颁布了《中华人民共和国劳动保险条例》《关于处理国家机关工作人员退职、退休时计算工作年限的暂行规定》《国家机关工作人员退职处理暂行办法》《国家机关工作人员退休处理暂行办法》《国家机关工作人员病假期间生活待遇试行办法》,以及《关于精减职工安置办法的若干规定》,而对于农村,只出台了五保供养方面的政策。

二、国有企事业与按工龄退职养老制度

《中华人民共和国劳动保险条例》于1951年颁布,这是新中国成立后,我国相对完善的第一项有关养老保障的政策;随后在1953年出台了《劳动保险条例实施细则》,这两项政策为我国企业职工退休养老方案的具体制定提供了依据,此政策具体规定了适用的范围、人员种类,并规定了依性别不同退休的年龄也不同,以及退职后能够领取的养老补助金额等。1955年国家又出台了对公务员及事业单位人员的养老政策,明确了此类人员个人无须缴纳任何费用,养老全部由国家财政支持。可以明显看出,这个时期公务员与事业单位人员的养老待遇与企业员工差距较大,这种双轨制的

养老政策引起了社会不满。

三、农村集体供养和"五保供养"制度

这个时期的农村养老政策发展明显滞后,国家对此没有具体的安排,主要以家庭养老为主。但是对于无子女亲属、无劳动能力的老人,仍然由国家进行供养。社会主义制度的确立,实现按劳分配制度。当时的养老提倡口粮留存以及五保供养。由于这一时期我国的粮食产量低,老年人的养老主要由家庭供养,仅是维持了基本的较为困苦的生活,根本谈不上安享晚年。城市的发展、工业的发展,对粮食需求不断提高,农民的负担日益加重,甚至出现了吃不饱的现象。

"五保供养"是农村集体供养的养老制度。我国于1956年出台了"五保供养"的具体政策,即《1956年到1967年全国农业发展纲要》以及《高级农业生产合作社示范章程》,是党和政府于社会主义改造后,对农村的鳏寡孤独老人的一种帮扶政策,从衣、食供养到丧葬都做了安排。虽然当时中国的经济发展极度落后,但国家在之后的很长一段时间都在执行"五保供养"政策,体现了国家对老年人的关爱。

四、"文化大革命"时期与养老制度

"文化大革命"期间,中国尚在探索中前行的养老制度体系被严重破坏。由于"左"的思想,再加上连续三年的自然灾害,中国人民的生活变得异常艰苦。城市居民的收入在"二五"时期连续负增长,国家对国民经济进行了调整,党和政府决定实行"调整、巩固、充实、提高"的国民经济调整计划,在1962年国务院颁布了《关于精减职工安置办法的若干规定》,规定指出要大量精减城市人口,实行了当时的特色制度——"上山下乡"。之后"文化大革命"开始,国民经济严重受挫,养老事业更是被严重破坏。不仅撤销、合并养老保险机构,而且将之前的养老保险社会统筹政策直接废掉并对"五保供养"实行紧缩。原本生产力水平就低,这样大的冲击下,农村的许多敬老院被迫停办,敬老院数量锐减,其中的五保人员只好重新送回村、社集体供养。养老事业在遭到令人心痛的破坏后,党和政府在拨乱反正后,对养老制度重新进行了调整,1978年起国务院相继出台了《关于安置老弱病残干部的暂行办法》《关于工人退休、退职的暂行办法》等政策,国家开始重新规范养老问题。十一届三中全会的召开使得农村养老问题步入正轨,会议通过了《中共中央关于加快农业发展若干问题的决定(草案)》,决定指出解决农村养老问题关系到国家养老制度体系的构建,农村

"五保供养"得以恢复,并被高度重视。一些老职工因为"文化大革命"期间被耽搁的退休待遇问题得到解决。

第三节　中国养老制度初步确立阶段(1978—1991)

党的十一届三中全会以来,中国的经济体制改革有序进行,养老事业也随之发展。这一时期,根据我国经济改革情况,对城镇企业职工与农村居民养老的社会统筹安排进行初步探索,城镇养老的覆盖面不断扩大,城乡养老保险水平也整体得到提高。

一、城镇企业职工社会保险养老政策的确立

1978 年后,我党的工作重心开始转移到经济建设上面,并着手开始进行企业职工养老模式改革。1978 年国务院出台了《关于安置老弱病残干部的暂行办法》,1984 年颁布了《关于工人退休、退职的暂行办法》,这些政策对工人的退休支付与安置问题做了明确规定,这是企业为主体的养老制度的确立。这种养老模式明显增加了企业负担,也造成了同工而不同养老待遇的问题,引起了不满。但该制度也有积极的一面,它有效地为国家财政减轻了负担,助力了我国的经济转型。为弥补不足,我国于 1984 年开始在多地试行养老保险社会统筹,提出在"七·五"时期要做到国家、集体、个人三者利益的统一,做到经济发展速度、比例和效益的统一的目标。随后出台的《国营企业实行劳动合同制暂时规定》,解决了之前的同工不同待遇问题,实现了养老待遇平等。1991 年,国务院出台了《关于企业职工养老保险制度改革的决定》,决定提出要建立多层次的社会主义养老保险体系,强制性要求国家、企业和职工三方共同承担养老保险费用,并规定了职工交纳的比例,社会养老保险制度开始确立。

二、农村社会养老保险政策

1978 年,为推动农村经济体制改革,我国决定实行家庭联产承包责任制,农村养老问题随着农村的经济改革开始了新调整,土地经营权的变化使得集体供养失去可能,但是"五保供养"仍然存在,国家开始积极探索农村的社会养老问题。1978 年开始进行农村土地经营改革,1980 年中央出台了《关于进一步加强和完善农业生产责任制的几个问题》,要求推进包产到户、包干到户,这个政策使得土地养老成为主流,集体供养名存实亡。国

家从 1979 年到 1983 年出台了多项制度,大力推行"五保供养"制度,"五保供养"制度经过调整,不断得以完善。为解决全国各地农村的养老差异问题,在全国开始推行统一的养老标准。1985 年的《关于探索建立农村基层社会保障制度的报告》提出在农村进行社会养老,全国范围内的试点工作于 1986 年开始,农村的养老开始了社会统筹的改革。

第四节　中国养老制度改革阶段(1991—2014)

中国于 1991 年开始全面养老改革,在经过持续的试点、总结之后,城镇职工养老保险、城镇居民养老保险、新型农村养老保险制度确立,中国特色社会主义的养老制度体系初步形成。

一、城镇职工养老保险政策

国务院于 1991 年出台《国务院关于企业职工养老保险制度改革的决定》,对企业职工养老保险社会统筹进行了全面改革,该制度提出基本养老将与企业补充养老以及职工个人储蓄养老保险结合,养老费用分别由国家、企业、个人共担,按照养老需要,基本养老金由三方统一筹集,并对企业提取费用和职工缴纳比例做了规定,要求设立"养老保险基金专户",企业与职工的保险费存入后要求专款专用。1993 年,中共中央出台了《关于建立社会主义市场经济体制若干问题的决定》,决定指出要进一步推进企业养老保险社会统筹的改革,对基本养老保险实行社会统筹和个人账户结合。1995 年,国务院颁布《关于深化企业职工养老保险制度改革的通知》,提出要进一步完善并规范基本养老保险的计发办法、统筹模式、缴纳比例、补充保险等,并于 1997 年在全国范围内开始推广。国务院于 1997 年出台《关于建立统一的企业职工基本养老保险制度的决定》,要求地方发展企业补充养老保险,同时要重视商业保险的补充。该政策对基本养老、个人账户的缴费比例以及个人的缴费年限等都做出了规范。1998 年,国务院颁布了《关于实行企业职工基本养老保险省级统筹和行业统筹移交地方管理有关问题的通知》,要求全面推进企业职工养老保险改革,对养老保险进行了省级统筹。国务院于 2005 年颁布的《关于完善企业职工基本养老保险制度的决定》使得企业职工基本养老保险改革继续深化:对个人账户要求做实、对基本养老保险的覆盖范围要扩大、养老金发放要保证足额、计发办法要优化、征缴及监管要强化等。随后的 2007 年,劳动和社会保障部、财政部出台了《企业职工基本养老保险省级统筹标准》,要求各省对企业职工基本养老保险缴费比例、计发办法、预算标准、统筹类别、调度与使用等都要统一标准,该政策进一步推进了职工基本养老保险的省级统筹。此后,国家又于 2009 年出台了《关于转发人力资源社会保障部财政部城镇企业职工基本养老保险关系转移接续暂行办法的通知》,对于一些城镇企业职工,因跨省流动工作而涉及的养老保险关系及领取条件都做了完善,截至2010 年,养老保险的省级统筹各省基本全部实现。

二、新型农村养老保险政策

1991 年,民政部出台了《县级农村社会养老保险基本方案》,旨在真正提高农村养老质量。方案提出县级以下农村新型养老模式,即个人缴费为主、集体补贴为辅的个人账户储备积累制。随后,民政部又于 1992 年出台了《关于加紧农村社会养老保险改革的通知》,提出要推动农村社会保险改革并成立农村社会保险司、农村社会养老保险管理服务中心等相关组织机构。同时为确保改革稳步推进,民政部与国家体改委、劳动部、财政部、中央机构编制委员会办公室等部门又相继出台了《关于城镇和农村社会养老保险分工的通知》《关于农村社会养老保险资金购买国家债券有关事宜的通知》《关于农村社会养老保险试点有关编制问题的通知》《农村社会养老保险基金使用问题的通知》《农村社会养老保险管理服务费提取使用办法》等政策。但在实际的改革实践中,农村社会保险很快暴露出了问题:农民参保意愿低、商业化倾向重、较高的金融风险等。为解决此类问题,国家于1998 年对此进行了调整,将农村社会养老保险从民政部移交到劳动与社会保障部负责。1999 年,国务院出台的《保险业整顿与改革方案》对之前试行的农村养老保险进行整顿,要求另辟蹊径来突破农村养老发展障碍。党的十六大又重新开始了对农村养老保险制度建立的尝试,劳动和社会保障部于 2003 年相继出台了《关于当前做好农村社会养老保险的通知》和《关于认真做好当前农村社会养老保险的通知》,2007 年通过了《中华人民共和国社会保险法(草案)》,国务院于 2009 年颁布《关于开展新型农村社会养老保险试点的指导意见》,由此新型农村社会养老保险制度逐渐形成,2020 年实现了全覆盖。新农保较之前的老农保有了很大的进步,不再是农民个人账户,而是统账结合的新模式。资金筹集渠道有三个,包括个人缴费、政府补贴、集体补助,尤其是政府的财政补助,是直接补贴给农民。此项改革以提升农民养老质量、为农民养老提供制度保障为目标,是一项惠农政策。

三、城镇居民社会养老保险政策

针对城镇户籍非从业居民,我国设立了城镇居民社会养老保险,这是继 2009 年新型农村社会养老保险改革后的又一惠民政策,是社会主义的共建共享充分体现。2011 年,国务院出台了《关于开展城镇居民社会养老保险试点的指导意见》,目标是到 2020 年,社会保障体系实现城乡居民全覆盖。规定养老保险的缴费除个人缴纳部分,还有政府补贴,个人缴费标准从 100 元到 1 000 元共设了 10 个档次,并且对中西部与东部的补贴都做了详细规定,同时对地方政府也要求对城镇居民按每人每年不低于 30 元的标准进行补贴,实行社会统筹和个人账户相结合的养老金运营管理模式,其中国家财政拨款每人每月 55 元作为基础养老金,个人账户则由个人缴费、地方政府缴费补贴等构成。对于满 60 周岁的城镇居民,养老金则可按月领取。城镇居民养老保险制度于 2012 年基本实现全覆盖。

四、城乡社会养老保险有机融合

虽然新型农村社会养老保险规范了农村养老问题,有积极的意义。但是随着社会不断转型,城镇化进程的加剧,农村劳动力大量涌入城市,而农村劳动力在养老待遇上却与城镇居民、国企职工存在明显不同,对此社会关注度一直很高,呼吁实现城乡居民统筹养老。但是由于我国城乡居民基本养老保险起步较晚,地区之间存在较大的养老待遇差距,实现城乡统筹难度较大。在此背景下,人力资源社会保障部发布了《城乡养老保险制度衔接暂行办法》征求意见稿,提出要实现职工养老保险、新型农村社会保险和城镇居民养老保险的衔接转换,并对具体如何换算缴费年限做出了明确规定。随后,在 2014 年人力资源社会保障部、财政部等出台了《城乡养老保险制度衔接暂行办法》,规定了城镇居民养老保险(城居保)、职工养老保险(职保)与新农保的转换的条件、适用范围、具体缴费年限以及转移额度等;以职工养老保险缴费 15 年为限,对于参加过国家现行三种养老保险中两种或两种以上的,可衔接转换养老;只参加过一种养老保险的,根据制度规定,进行衔接转换;对职保缴费满 15 年与不满 15 年的转换情况也作了具体规定。但是规定在转移额度上,只能转移个人账户。此项养老制度改革,符合我国新时代城乡一体化发展的要求,为建立更加公平、健康发展的养老制度体系打下了良好基础。

第五节　中国养老制度全面深化改革阶段(2014年至今)

党的十八大以来,中国的经济高速发展,为了让人民更好地共享经济发展的成果,国家从顶层进行设计,对养老事业的发展作出更深刻的思考,从养老制度层面进行了一系列更深入的改革,旨在使改革成果惠及老年人,实现老有所养,真正提升老年人的幸福感。

一、基本养老全国统筹发展

在中国特色社会主义养老思想指导下,中国实行基本养老保险全国统筹,这是对养老制度、养老金调度、养老信息、养老管理等进行全国统一的运营模式。其宗旨就是统一规范基本养老保险制度,统筹使用基本养老保险基金。2014年,人力资源社会保障部和财政部联合出台了《城乡养老保险制度衔接暂行办法》,办法提出县级以上社会保险经办机构信息库要求健全、完善,提出智能化管理养老保障服务体系,以确保实现全国范围内的养老统筹。同年,国务院下发了《国务院关于建立统一的城乡居民基本养老保险制度的意见》,意见指出要合并新农保和城居保,同时统一基本养老保险,并详细规定了有关养老保险待遇标准、筹集基金、管理运营基金、信息化建设等要求;对于养老保险待遇标准,基础养老金和个人账户养老金共同构成基本养老金,并要求终身支付;对于筹集基金,实行集体补助、政府补贴及个人缴纳的方式;对于运营管理基金,新农保基金和城居保基金被城居保取代,社会统筹与个人账户分别管理,采取各自独立记账、独立核算的方式;对于养老信息化建设,要求将公民养老保险信息有效对接其他信息管理,真正做到资源共享。2015年,人力资源社会保障部出台了《关于机关事业单位工作人员养老保险信息系统建设指导意见》,要求对机关事业单位工作人员的养老保险业务也要实行信息化管理,并与其他政府部门的信息进行共享。2016年,提高了企业、机关事业单位退休养老金,提高比例高达6.5%,此为养老制度并轨后的首次调整,体现了全国统筹的实现。自2016年12月至2017年9月,人力资源社会保障部通过出台一系列政策,有效解决了成建制企业在跨省转移过程中的接续问题,对省级统筹制度进行了升级、完善。

二、养老金并轨

养老金并轨改革是我国养老保险制度公平、公正的充分体现,它有效消除了机关事业单位与企业养老差距,使得机关事业单位工作人员与企业职工对基本养老保险享受同样的待遇。2015年,国务院出台了《国务院关于机关事业单位工作人员养老保险制度改革的决定》,对机关事业单位工作人员的退休养老进行改革,实行社会统筹与个人账户结合方式,单位与个人共担基本养老保险费,并具体规定了各自的缴纳比例以及详细的计发方式。同年,国务院发布了《国务院办公厅关于印发机关事业单位职业年金办法的通知》,以职业年金的方式为机关事业单位的养老保险提供补充,对职业年金的缴费方式、缴纳标准、管理方式等作出明确规定,这是我国养老保险体系多层次化的体现。2017年,人力资源社会保障部相继颁发了《关于2017年调整退休人员基本养老金的通知》《企业年金办法》,对机关事业单位和企业的退休人员的基本养老金进行调整,实行统一原则,并对企业年金缴纳及领取等作出了规范,这些改革实现了养老金成功并轨,我国的养老保险制度又向健康、可持续发展前进了一步。

三、延迟退休政策

延迟退休政策在OECD成员国中最早使用。它是指根据人口结构变化的情况、就业的情况,国家考虑提高退休年龄的制度。中国的一些专家学者,早于2008年就提出过延迟退休建议,但是当时我国劳动者受教育年限、社会保障制度水平以及人口结构、人口预期寿命等不够成熟,中国的延迟退休政策一直没有出台,但是政策何时实行的关注度却一直很高。我国现行的法定退休年龄仍是按照建国初期的标准执行:男性60周岁,女性50周岁,女干部55周岁。现代化水平的不断提高,2020年我国人均预期寿命提高到77岁,加上老龄化的不断加剧,未来中国的养老压力会非常大,加之我国目前的就业压力较大,产能过剩,可以预测,延迟退休应该是大势所趋。

党的十八届三中、五中全会提出将要实施延迟退休政策,但具体方案仍未出台。2016年,人力资源社会保障部表示延迟退休将会按照"小步慢走、分步实施、事先预告"的原则推行。养老保险司在2017年发布的《人力资源社会保障部对政协十二届全国委员会第五次会议第[1092]号(社会管理类102号)提案的答复》中表明延迟退休问题必须要充分考虑人口结构、代际关系、就业状况、人力资源供求、劳动力总量变化、社会接受度、社会保障基金长期可持续发展等问题,还需要进行科学而深入的论证。此项政策事关人民群众的切身利益,必须要在社会平衡运行的前提下科学实行。

2015年,中共中央组织部、人力资源社会保障部出台了《关于机关事业单位县处级女干部和具有高级职称的女性专业技术人员退休年龄问题的通知》,对我国女性领导干部、技术人才所发挥的作用作出充分考虑,对符合规定条件的女性,可延迟到 60 周岁退休。在本人同意的情况下,一些高级专家可再行延迟退休。

四、购买服务

为能有效缓解我国的养老服务需求与供求之间的失衡问题,满足老年人多样化、个性化的养老服务需求,购买养老服务成为指政府积极应对人口老龄化的必然选择。通过政府购买服务,不仅可以提高养老服务质量、有效降低养老成本,还可以鼓励、支持社会力量参与养老,有利于社会和谐。随着社会主义市场经济发展,老年人的养老需求不断丰富,人民的民生期待越来越高,基于对国内外相关经验总结借鉴,2013 年,国务院出台了《关于加快发展养老服务业的若干意见》,正式开始了政府购买养老服务模式。通过鼓励社会力量加大对养老服务的参与度,以积极的方式应对人口老龄化。该政策强调,为创新服务供给模式,要激活各类服务主体,包括对城市中的养老公务服务设施、网络化的居家养老服务平台、建设进行统筹规划、保障性养老机构、农村养老服务体系、老年消费市场等建设的统筹规划。

2015 年,国家发展改革委、民政部、全国老龄办联合发布了《关于进一步做好养老服务业发展有关工作的通知》,通知提出为进一步加快发展养老服务业,要发挥政府自身的引导作用,加大投入以支持养老服务体系建设,要求各地对投资结构进行优化,对社会资本参与养老要给予积极的支持,这为养老服务购买提供了政策支持。2017 年,国务院发布了《"十三五"国家老龄事业发展和养老体系建设规划》,要求完善有利于政府和市场作用充分发挥的制度体系,积极推动社区居家养老服务,将社区养老服务设施无偿或低价交给专业化的社会团队运营;养老服务市场全面开放,鼓励支持社会力量兴办养老机构。同时鼓励支持利用社会资本开办以中医健康养老为主的护理院、疗养院、康复院等示范基地,推行医养结合;大力发展养老服务企业,推动老年用品市场、老年文化产业进一步繁荣等。政府购买养老服务的战略进一步得以深化。

考虑到养老服务的性质、对象以及地方实际,目前我国政府购买的养老服务重点为生活照料、人才培养、康复护理等,包括助餐、助浴、助急、助医、助洁等上门养老护理服务;对于社区养老,购买的养老服务主要包括社区日间照料、老年康复文体活动服务;对于机构养老,购买的养老服务主要包括供养、护理服务等;对于人才培养,主要是政府为养老服务人员购买职业培训和专业教育,公益性、公共性是这些服务的特点。各地政府在购买养老服务过程中,考虑了实际的经济发展水平、老年人实际需求与政府财政支付能力,及时地进行了动态调整。当前政府购买养老服务能够惠及的人群还有限,以 60 周岁及以上的"五保"、重残、低保等符合政府资助条件的老年人,60 周岁及以上的重点优扶老年人,70 周岁及以上的特别扶助老年人,80 周岁及以上的空巢老年人、离退休干部,84 周岁及以上的老年人为主。

第六节　中国养老制度演化的特征

通过对新中国成立以来的养老制度演化进行分析,可以看出我国的养老制度在经过不断的变革后,呈现出以下几方面的特点:

一、从差异化向公平化变迁

一方面体现在城市、农村的养老制度问题上,随着我国经济的迅速发展,政府开始关注到养老制度的公平性,改变了中国传统的二元化经济结构、城乡差别化的养老制度,养老制度的制定开始趋向于城乡养老制度的有机融合,在兼顾城市居民养老的同时更加注重农村的养老问题,在一定程度上缩小了城乡的差距,基本上实现了二者的统一,实现了养老制度上的相对公平;另一方面体现在企业、事业单位的养老金改革问题上,企业、事业单位养老金差距的加大引发了一些社会矛盾,这些问题及时地得到了政府的重视,政府开始尝试推行养老金并轨改革,以实现养老制度的公正、公平。总之,这一切都是为了实现我国养老金制度的统筹发展,使我国的养老金制度更具普适性、时代性,在不断深化的养老制度改革中,我国的养老制度也更加凸显出其独特的公平性。

二、从关注物质向物质精神兼顾型变迁

在老年人生活质量不断提高的前提下,只有老年人精神生活得到满足,老年人才可以真正地安享晚年、真正的获得幸福感。随着我国生产力水平的不断提高,国家从老年人的全面养老需求出发,从顶层设计的角度对我国的养老事业进行了一系列相匹配的变革。我国的养老制度也由最初只注重对老年人基本生活的保障转向了在使老年人基本生活得到保障

的情况下兼顾老年人的精神生活，把提升老年人物质生活、精神生活的相关支出都纳入了养老保障的范围之内，使老年人的物质生活、精神生活都得到了制度层面的保障。

三、从单一型向协同型变迁

随着国际大环境的变化，以及我国经济发展遇到的瓶颈，我国经济制度发生了巨大的变革，政府开始注意到市场在我国经济的发展中起到了越来越重要的作用，对我国养老制度的改革也不例外。我国的养老制度由最初主要依靠家庭、政府解决养老问题，开始转向鼓励社会力量等参与养老，以此来缓解我国养老服务供给与需求之间的矛盾；并着力打造家庭、政府、社会、市场等多方协同养老制度模式，由此我国的养老制度已经从单一型转向了协同型，以此来适应我国在老龄化日趋加剧情况下老年人的养老需求。

四、从粗放型向精细化变迁

从新中国成立初期至今，我国的经济经历了由衰退到兴盛，我国的政治制度在不断地进行变革，而为了适应不同经济环境的发展，养老制度也在不断地完善，由最初只注重从老年人的年龄角度来解决老年人的养老金、退休的问题，转向从代际关系、人口结构、就业情况等方面来全面的考虑养老金、退休养老等问题；由最初把老年人当成一个整体来考虑养老制度的问题，转向兼顾对特殊群体养老制度的考虑，如女性、特殊类型老年人等。由此可以看出为了更好地、全方位地保障我国老年人的养老合法权益，我国养老制度已由粗放型逐渐地转向了精细化。

第五章　中国社会转型与养老制度发展的困境

第一节　当代中国社会转型与作为社会问题的养老

　　过去 20 年,中国坚持问题导向和目标导向相结合,既焕发了社会主义的青春,又让中国融入了世界。近 20 年的社会转型期中我国经济、人口、社会、文化开创了新局面。经济转型:我国的经济体制转型,由计划经济体制转向市场经济体制。融入市场和政府两个主体协同发挥作用;既通过释放市场活力提升了财富创造效率,又通过完善基本经济制度维护了社会公平正义。人口转型:我国自 1999 年开始步入老龄化社会,老龄人口迅速增长是我国社会转型的年龄特征,人口老龄化是我国人口转型出现的重要现象。老龄化对社会的压力主要是劳动力老化、劳动人口负担系数上升、老年人养老问题。社会发展转型:城镇化是我国社会转型的一个必经过程,也是我国现代文明的一个重要标志。城镇化的发展使得劳动者和生产资料不断向城镇涌进,城镇产业结构优化升级,资源配置合理调整,不仅提高了农民的劳作收入与劳作的积极性,同时还缓解了农村地少人多的问题。社会文化:我国过去 20 年的社会转型与经济全球化是同时期发生的,世界各地区以密切的经济交往为基础,逐渐开放了本地区文化市场,开始了日渐频繁的文化交流,但同时也伴随着西方文化对我国文化的冲击,我国刮起一阵阵“西洋风”。这一切都对养老问题造成了冲击。

一、社会经济转型与养老问题

　　中国是世界上人口老龄化程度较高的国家之一,老年人口数量最多,老龄化速度最快。根据联合国的规定,证明一个国家进入老龄化的条件包括:60 岁以上人口占全国人口总数的 10% 以上或者 65 岁以上人口占全国人口总数的 7% 以上,满足以上任意一个条件便证明一个国家进入老龄化。在 2000 年时人口普查的数据显示我国已达到联合国的划分标准,这也意味着中国从 1999 年底已正式步入老龄化社会,至今已 20 余年,并且现在正朝着深度老龄化社会快速迈进。与发达国家的老龄化不同,中国的老龄化是未富先老。发达国家在人均 GDP 达到 5 000~10 000 美元以上时步入人口老龄化社会,而中国是在经济发展不完善、现代化尚未完成的情况下提前进入老龄社会,1999 年我国进入老龄社会时人均 GDP 1 000 多美元。2019 年我国人均 GDP 超 10 000 美元,但数据光鲜并不能掩盖问题的所在,尤其我国经济发展主要是依靠人口红利的堆积,而当后者开始滑坡时,老龄化的问题开始逐步显现,从 2013 年起,中国的人口红利加速下滑。每年进入退休年龄的老人数量,不少于 1 700 万。数据显示,目前,我国平均 2.7 个在职职工,就要缴费养 1 个退休职工。当前我国 60 岁以上人口已达到了 17% 以上,而且未来一二十年内我国老年人口还要大幅度增长,养老压力值将会不断攀升。造成我国未富先老情况的原因并非我国经济发展得慢,而是我国老龄化进程太快,并未做好应对老龄化的经济建设、制度建设、社会福利保障。

随着老龄化社会的步步紧逼,老龄化人口增多而医疗资源有限,使得老年人看病具有很大的局限性。据卫健委统计,老年群体是医疗卫生资源的重要消费对象。我国慢性病发病率多集中在 60 岁以上老年人群体,60 岁以上老年人伤残率是全部人口伤残率的 3.6 倍,老年人平均每年使用的卫生资源是全国人口的 1.9 倍。老年人患病具有患病率高、慢性病患者多、多病共存、并发症多、病情变化迅速、长期失能多等特点。老年人口增长迅速,老有所医的社会养老目标实现出现阻碍,而养老机构基础设施落后,服务人员专业性不高,服务制度执行分散错落使老年人的就医环境严峻复杂。老年人看病难,主要是指到大城市大医院看病难、医院老年人绿色通道不健全、老年人要承担昂贵的医疗费用。目前,我国医疗资源分布城乡差距较大,全国的医疗资源 80% 在城市,并且大多数集中在城市中较大的医院。城市边缘地区和郊区医疗水平相对落后,社区医院服务更加简陋,很难为老年人做全面检查,因此老年人看病需花费更长的时间及路程,有时甚至会影响老年人及时就医;老年人就医绿色通道大医院都有设立,但是大多局限于挂号绿色通道,老年人交钱、检查、取药、办理住院手续等一系列流程并没有开设老年人专用通道,一些规模较大的医院,科室设立不集中,使得老年人需要分散咨询,看病程序复杂化;心脑血管疾病是老年人的常见疾病,此类疾病的药品费用以及治疗费用过高,同时一部分药物不属于医疗保险的报销范围,无形增加了老年人及其子女的精神负担,一些老年人生病由于经济困难无法承担高昂的医疗费用选择拒绝到医院治疗。

随着我国交通工具的愈加便利,我国人口流动规模不断扩大。数据显示,我国流动人口规模从1982年至2020年增长了约3.69亿人。越来越多的人选择离开家乡外出工作、学习、结婚,与此同时,我国空巢老人、留守老人的数量也在逐年攀升,已经成为一个不容忽视的社会问题。2016年我国空巢老人数量为1.1亿人,到2020年,我国空巢老人数量达到1.2亿人,比2016年多了0.1亿人,到2050年,我国将会产生1.08亿80岁及以上高龄老年人以及1亿多失能老人,失独老人将达到7 900万左右,独居老人和空巢老年人的比例也将上升到50%以上。随着越来越多的人关注到空巢老人、留守老人这一群体,空巢老人、留守老人的问题逐渐暴露,空巢老人与留守老人问题通常发生在物质生活上与精神生活上,物质生活上,比如老年人就医费用高,无医疗保险保障,日常照料不周全等;精神生活上,比如内心缺乏安全感、思念儿女等;精神生活上的缺失严重影响了老年人的心理健康。根据实践调查发现,有心理问题的老年群体中超过一半是空巢老人,而达到疾病标准需要医学观察的比例更是达到了10%～20%。当下媒体更多关注城市空巢老人的现状,长期忽视占大多数的农村留守老人生活。空巢老人这一问题在农村更加突出,农村空巢老人又称农村留守老人,农村留守老人面临与城市空巢老人相似的精神困窘,在物质层面同样面临严重的问题,长期以来,我国在农村养老、医保投入严重不足,覆盖面不广,在农村的留守老人很少有人拥有退休金作为生活来源,经济生活拮据。

我国老年人精神养老情况不容乐观。与发达国家不同,我国是在经济欠发达的时代进入老龄化社会。面对老龄化时代提前来临,我国整个社会从物质到心理等方面都没做好准备。长期以来,未富先老的情况使得物质养老资源显得稀缺而引起广泛关注,一提到养老问题,无论是政府、老人、老人子女以及社会的关注点都聚焦于养老保险金、老年人社会福利等经济上的养老保障,很少有人关注到老年人的精神生活,为老年人提供精神保障。随着我国经济的发展和老年人社会保障制度的不断完善,老年人养老在物质层面的需要已得到基本满足,老年人精神养老需求凸显,老年人精神层面的养老需求应提上议事日程,但是老年人的精神养老保障体系并没有跟上社会的转型变化。调查结果表明,当前我国老年群体的精神文化生活服务模式单一,老年群体的精神文化需求尚未得到充分重视,2012年,全国老龄办颁布了《关于进一步加强老年文化建设的意见》,意见明确指出当前老年文化基础设施建设无法满足老年群体日益增长的精神文化需求,老年群体文化氛围不浓,公共文化设施为老年群体服务的功能没有得到有效的开发利用,老年文化产品和服务供给不足等,无法切实满足老年群体精神养老需要。

二、人口转型与养老问题

我国正在加速进入老龄化社会。从成年型社会到老龄化社会,法国用了 115 年,瑞士用了 85 年,英国用了 80 年,美国用了 60 年,即便是深受老龄化问题困扰的日本也用了 30 多年,而中国只用了 18 年。中国的老龄化是全世界老龄化速度最快的国家之一,截至 2020 年底已经达到了 2.64 亿老年人,未来将以每年 800 多万的速度增长,我们国家老龄化是以 3.5% 的速度在增长,同时中国也是人均预期寿命增速较快的国家,与高龄化相伴随的是失能率的提高。80 岁以上的老年人当中失能的比例非常高。面对巨大的养老需求我国的养老供给并不能与之匹配,加之年轻人工作压力大、社会养老机构收费标准和服务质量参差不齐等因素,中国养老服务体系目前还难以满足老年人不同层次需求。此外,由于各省市地区间养老机构发展不平衡、部分地区养老服务人才匮乏等问题,使得当前中国城市养老供需之间的矛盾更加突出。

随着我国经济的发展和社会的进步,现有的养老设施总量很难满足日益增长的、多元化的养老需求,我国的养老矛盾也随之发生了转变,转变为老年人日益增长的美好生活需求同养老服务产业和养老服务体系建设发展不平衡、不充分的矛盾。老年人对于养老的需求不再单一,多元化、高品质的养老需求成为新趋势,老年人愈发重视自己的晚年生活质量,参与养老的热情逐渐提高,但是目前完善的养老服务体系尚未建立,养老服务产业发展缓慢,主要面临的问题是对生活难以自理或根本无法自理的老年人照护力度不够,照护人手不足;养老院基础设施贫乏,服务范围较小,无法全面满足老年人的生活需求;养老服务市场闭塞,无法融入社会组织与志愿组织参与养老;养老服务工作人员薪资待遇偏低,积极性不高,养老队伍建设不完善;养老服务法律法规仍然不健全等,我国的养老服务体系建设尚未跟上我国老年人养老需求的转变,未能对老年人养老需求发展走向进行长远预判和规划。

根据国家统计局的数据,中国家庭规模在过去几十年间迅速小型化。2020 年,中国家庭人均仅为 2.62 人。国家卫健委《中国家庭发展报告2019》显示,超过 60% 的中国家庭为 2 至 3 人。第六次人口普查的数据也表明,全国城市地区的一代户、二代户的比重分别是 41% 和 47%,两个比例加起来达到了 88%，农村地区一代户和二代户的比重分别是 30% 和 47%，两个比例加起来达到了 77%。这样的家庭规模，加上独生子女政策导致的"4－2－1"型的家庭结构，使得传统家庭的养老功能大大弱化，中国家庭结构的核心化、小型化趋势非常明显，多代同堂的家庭越来越少。全面开放二胎政策从 2016 年开始执行，在此之前我国实行了近 40 年的独生子女政策。长期的计划生育政策，导致独生子女成为家庭的主要支柱和经济来源，他们需要供养自己的子女及双方老人，一对夫妇需要照顾四至八位老人，加重了年轻人的精神压力与经济压力，年轻子女与老年人之间也很容易出现"代际隔阂"，许多年轻夫妇在赡养老人的同时还要注重子女的教育，更多的时间、精力与物力都放在子女教育的领域，弱化了老年人的养老家庭供给，这些现象都对老年人的心理与生理上产生了消极作用。

当前我国有三种主要的养老模式，分别是家庭养老、机构养老和居家养老。随着老龄人口的不断增多以及社会进步对年轻人的自身发展提出了更高的要求，年轻子女无法时刻伴随老人照顾，家庭养老已不再适应老年人新时代的养老要求，需要进一步推进养老社会化，但是目前我国的养老社会化功能偏弱。截至 2018 年底，我国已设立近 3 万个养老服务机构，4.3 万个社区养老机构及基础设施，8.3 万个社区互助型养老设施，并提供养老床位共 744.8 万张，养老机构床位数共 392.8 万张，社区养老床位数 353.6 万张。但是这些养老床位在我国众多老年人对养老院的需求面前只是杯水车薪，我国养老服务机构床位依旧缺口巨大。与此同时，我国近几年养老服务业发展十分迅速，但从总体上看，养老服务和基础资源供给不足，市场发展滞后、城乡养老水平发展不均衡等问题还十分突出。针对以上养老问题政府虽然从上而下都出台了政策，但因为诸多原因，土地、贷款、税费、补贴等方面的支持政策，有的向上协调争取难，有的兑现不力，致使社会力量创办和领办养老机构融资难、用地难、运营成本高，养老服务业发展受阻，难以满足社会化养老服务的需求。

三、社会转型与养老问题

城镇化的进程不断加快使得城乡基本公共服务的质量、规模、保障能力都难以满足人们日益增长的要求，农村老年人成为不可忽视的特殊群体。到 2019 年末我国城镇常住人口达到 84 843 万人，占总人口比重 60.6%，比上年末提高了 1.02 个百分点，户籍人口的城镇化率达到 44.38%，比上年末提高了 1.01 个百分点。到 2020 年年底，我国 60 岁及以上老年人口约 2.64 亿，占总人口的 18.7%，由此可知我国正处在城镇化和老龄化同时发展的时期,并且都呈现加速的态势,而我国的养老制度滞后于人口转型,因此这对我国并不完善的养老制度提出了更大的挑战,特别农村地区的养老问题。随着城镇化进程的加快,我国农村的劳动力大量的流向城市,而农村留有大量缺乏劳动能力的老年人,由此可以看出与城市的老龄化相比,农村的老龄化问题更为严重。总之,城镇化进程的加快使我国农村地区的养老问题更为复杂,使之不同于传统农村出现的养老问题。

社会经济的快速发展导致我国城镇化水平的提高,使我国农村地区出现大量的留守老人,这部分老年人可能丧失或部分丧失劳动力,因此这部分老年人日常生活的照料问题就成为一个十分突出的问题。首先由于城乡发展的不平衡,使农村的养老资源如医疗资源、基础设施等相对于城市来说较为匮乏,而且部分农村地区的生存条件也比较差,这使得农村的养老制度无法满足老年人多样化的养老需求。其次由于劳动力的流失,使得子女不能力所能及的照顾老年人的日常生活,而且随着老年人年龄的增大,老年人身体的各部分机能都在下降,特别是一些失能或半失能的老年人,他们不能很好地照顾自己的日常生活,更需要子女和亲人的照顾。再次农村较为保守、传统的思想观念,使农村老年人不愿意表达自己的养老意愿,在不清楚养老意愿的情况下,这部分老年人的需求就很难得到满足。最后在农村相对闭塞的环境中,子女的传统观念认为老年人需要的是物质上的满足,从而忽视了对老年人的精神关怀,老年人精神需求长时间得不到满足,会使老年人处于一种相对孤独的状态,这会对老年人的健康造成损害。

养老制度滞后于人口转型。首先随着我国城镇化进程的加快,社会主义新农村的建设也加快进行,在这一进程中会有一系列政策的颁布和实施,但是国家在制定政策的过程中更注重物质层面政策的颁布如基础设施的建设、农村规划等,在这一过程中容易忽视不同群体的多样化需求,特别是老年人的需求,这也就导致了农村的养老制度滞后于农村的人口转型,农村老年人的多样化的需求没有体现在养老政策中,使得农村老年人多样化的需求不能得到满足。其次由于青壮年劳动力的流失,导致农村里大部分都是老年人,在经济社会迅速发展的今天,农村老年人作为弱势群体特别容易被忽视,在相关政策的制定过程中拥有较少的话语权。最后随着这种状态的延续,导致农村老年人产生一种消极的心理,如果他们反映的问题不会被解决,不会被看到,也就不愿意再去反映问题,没有了解决问题的心理期待。这也就导致了在制度的背景下,我国的老年人成为弱势群体,他们的利益诉求在政策、制度上很难得到满足,使得农村老年人的晚年生活相对于城市老年人的晚年生活来说更加难以得到保障。

农村集体养老功能的弱化。首先,农村老年人是依靠土地来维持日常的生活,在之前的很长一段时间内,农村土地的需求可以满足老年人的日常开销,但是从当前中国的现实来看,随着社会经济的迅速发展,这使农村土地的既得收入减少以及物价水平的上涨,农作物成本的不断增高而农作物售价的降低使得农村老年人的既得收入不能很好地满足老年人多样化的需求。其次,由于城乡人口的流动以及计划生育政策的实施,使得农村的家庭结构发生了变化,出现了很多由一对夫妻照顾四个老人和一个孩子的情况,这就增加了家庭的生活负担,使得家庭的生活质量降低,导致老年人的晚年生活和理想中的差距很大以及农村家庭养老功能的弱化。再次,农村经济发展水平落后使家庭养老的服务水平降低,在过去的很长一段时间内,我国农村的生产方式落后,生产力水平不高,农村经济的发展速度都比较慢,这就导致了农村老年人物质生活和精神生活很难得到保障。最后,由于城镇化进程的加快,使农村家庭的人口结构发生了变化,年轻人更多的走向城市,接受先进的科学和技术,而老年人对新鲜事物的接受比较缓慢,这就使得老年人的指导作用变小,老年人不再是知识和权威的象征,而与子女之间的这种距离也就弱化了家庭养老的功能。

农村养老保险刚起步。我国农村养老保险推广的时间比较晚,是一种个人、政府共同承担的形式,在推行的过程中会面临许多问题。首先,随着医疗科技水平的提高以及个人健康意识的提高使得死亡率降低,人们的预期寿命增加,这就加大了政府财政的压力,特别是对地方财政来说,他们承担着发展地方经济的责任。同时由于社会事务的不断增多,而养老保险又是一个较大的财政支出,这使得农村养老保险推行的速度缓慢,特别是对于经济欠发达地区的地方财政来说。其次,农村养老保险的覆盖面比较低,新农保计划要在 2020 年实现对农村适龄居民的全覆盖,但是在当前政策不完善的情况,要实现农村养老保险的群覆盖还有一段的差距,农村的养老需求还不能得到有效的满足,同时由于农民对保险了解程度还不够,造成农民的参保意识比较低。再次,由于城镇进程的加快,使农村家庭结构发生了变化,传统家庭养老功能的减弱,再加上老龄化程度的不断加深,使得养老保险制度并不能满足老年人的需求,使二者出现供需不平衡的现象。最后,养老保险的法律制度落后,法律在强制规范居民行为的同时,也可以对居民进行有效的保障,而当前我国农村养老保险制度的法律法规还不是很健全,这也是农村养老保险推行缓慢的原因之一。

农村医疗设施的不完善。首先，由于农村环境、经济发展水平、城乡发展不平衡、地区发展不平衡等方面的影响使得农村医疗机构在医疗设备、药品等方面的配备一直都比较匮乏，这也就导致了农村老年人健康意识的淡薄，对健康问题不重视的农村老年人的比例也在不断增多，这就成为我国健康养老体系构建的一个难题。其次，由于农村环境的艰苦、相关政策补贴的不到位以及较低的待遇水平，使得相关医疗人才不愿意去农村或者去农村的时间比较短，农村留不住医疗方面的高质量人才，这就导致了农村的医疗卫生水平得不到提高，不能为老年人提供高质量的养老服务。再次，由于城镇化进程的不断加快使得养老机构不愿意选择在农村开办，一方面由于养老机构本就是一个微利的行业、农村的老年人的经济水平较低、农村老年人传统家庭养老的思想观念浓厚，导致养老机构面临空床率增加的风险较高。另一方面农村是一个有待开发的环境，拥有更多的未知数，这也就增加了相关养老企业的开办风险，由此导致了农村老年人养老方式的单一，这也就增加了农村养老体系的脆弱性。最后，农村医疗机构的技术水平达不到标准，他们只能提供日常一些疾病的治疗，不能为老年人提供多样化的养老服务，增加了农村老年人对他们的不信任，而农村相对闭塞的环境使得农村老年人容易轻信一些偏方，这也就加大了在农村构建健康养老服务体系的难度。

四、社会文化转型与养老问题

首先，中西方不同的政治和经济基础决定了中西方价值观念的不同，价值观念作为影响人们判断事物的重要因素，需要适应并满足社会政治经济的需求。由于文化传统、社会背景的不同，使中西方的家庭观念存在巨大的不同。到了现代社会，家庭观念是否浓厚成为中西方观念文化的显著性区别：一方面，在育儿方面，我国作为世界上的人口大国，虽然已经实行了计划生育政策，但是传统的"留后"观念仍然没有改变，儿孙满堂仍然是大多数家庭的理想状态。而西方的家庭观念比较开放，有很多人组建家庭并不是为了生儿育女，也没有养儿防老这种保守的观念，这也使得了西方的养老保障制度较为完善，西方人不必为了自己的晚年生活而担心，这也暴露出了我国养老保障体系的缺陷。另一方面，尽管由于城镇化、预期寿命的延长、计划生育等方面的因素给子女照顾父母增加了很大的难度，但中国的养老方式仍以家庭养老为主，而在西方物质条件极大丰富、老年人的生活能够独立且自理的前提下，父母和子女一直保持着一定的距离，他们认为这种距离的存在才是最好的关系。

但是随着社会主义市场经济的发展以及在全球化发展的趋势下,中西方文化的交流与沟通日益广泛,西方的一些观念开始传入我国,并潜移默化地改变着国人的思想观念,本研究主要从以下几方面进行阐述。

孝道文化功能的弱化。孝道文化是我国传统养老保障体系的价值根基,在我国养老保障体系的构建中发挥着重要的作用,但是随着西方思想观念的传入、城镇化以及老龄化进程的加快,弱化了以孝道文化为基础的传统养老模式的功能。孝道价值观念弱化以及西方个人主义、享乐主义的盛行弱化了我国家庭养老的服务功能。在传统社会中,孝道的思想一直影响家庭养老功能的发挥,孝道思想是农村家庭养老功能的延续,虽然我国养老文化的内涵在不断地丰富,但是孝道文化一直影响着我国养老制度。但随着我国老龄化程度的不断加深以及社会经济的发展,传统的养老模式已经不能满足老年人多样化的健康需求。而西方的社会经济水平较为发达并且已经建立了完善的养老保障体系,因此有很多人提出借鉴西方发达国家的经验,一方面完善了我国的养老保障体系,但另一方面西方的个人主义、享乐主义等观念也开始传入中国,这对中国的传统文化以及家庭道德伦理形成巨大的冲击,传统的孝道文化也随之减弱,导致当前社会不赡养老年人的现象频发,使许多老年人的生活无法得到保障。

人文伦理关怀的减少。我国市场经济体制不断完善,生产力大力发展,居民的物质生活条件得到极大满足,我国独居老人、空巢老人的数量也在不断地增多,对于这部分老年人来说,他们的养老需求已经不仅仅是物质层面的,而是更高层面的养老需求。对于中国的老年人来说,他们对西方的思想观念接受得比较慢,而且受中国传统思想观念的影响,大部分老年人更愿意与子女居住在一起,更喜欢家庭养老的模式。但是在现代社会中年轻人承受着多方面压力,这使得他们花费更多的时间在日常的工作、处理人际关系上,这就导致他们没有更多的时间来分散出来陪陪自己的父母,只能通过电话、微信等方式进行一些联系。而老年人更多需要的是子女面对面的陪伴、日常的谈心等,这使得老年人的精神需求得不到满足,长此以往,就会损害老年人精神层面的健康。

其次,从回家看望父母都得需要法律来进行保障就可以看出当前我国养老存在重要的问题:随着老年人年纪的增大,在他们物质生活得到满足的前提下,他们更需要的就是精神层面的满足,也就是人文伦理的关怀。虽然当前社会中有许多机构开始注意到这个问题,由专业的护理人员、心理咨询师等来帮助老年人,但是这也不能解决根本的问题。虽然父母总是说理解子女的工作忙,但是心里还是希望子女能抽出时间去看望他们,因为子女的陪伴是任何人都不能代替的。

最后，由于年轻人接受了部分西方的思想观念，他们认为这种思想观念更适合他们的生活方式，因而对于传统观念产生了部分的不认同，这就使得两代人在思想观念上很容易产生冲突，这种冲突一方面使年轻人不愿意回家，另一方面也会造成老年人心理上的空缺。子女与父母之间的亲情关怀应该是一种享受的状态，而不是一种相互的负担，造成这种状态的根本原因还是养老制度的不健全。

第二节　特殊养老问题的制度挑战

一、4—2—1 结构影响下的传统家庭养老

（一）家庭养老

随着我国老龄化进程的不断加深，养老问题已经成为我国社会面临的重要问题。受文化因素和政策因素的影响，目前我国社会主要的养老方式以传统的家庭养老为主。根据费孝通教授对家庭的概念解析，我国家庭文化中强调婚姻关系的建立带来的血缘关系结合，形成了家庭文化的核心。目前我国社会文化中家庭养老的概念可以总结为在家庭环境内接受子女的赡养，其中家庭和子女是核心因素，家庭养老的社会理解通常为子女对老年人的赡养，尤其是儿子对于父母的赡养。根据我国宪法中父母对子女有抚养和教育的义务，而同样成年子女对父母也有赡养扶助的义务，从法律规定的角度体现了东方文化中反哺思想的要求。从根本上来说，不同养老模式的实质区别在于养老服务主体的不同，如医养结合、精神慰藉等方面需要医院和志愿组织等。因此，家庭养老的概念是相对于社会化养老在服务主体概念上区分的，以家庭成员为主要服务主体在家庭范围内提供养老服务的养老模式是家庭养老基本特征。

（二）家庭养老模式现状

从传统家庭养老的表现形式来看，老年人被满足的需求实际属于基础性的生存型需求，如日常起居、生活照料、医疗养护等内容，具有简单、稳定的特点。同时，中国家庭中生育的一个重要作用就是为老年人提供天然的养老保障，中国传统文化中对于"多子多福"理念的推崇，使得社会对于生育十分重视，这也是我国人口一直居于全球首位的一个关键因素。家庭生育功能的强化，生育数量的增加使得家庭养老模式之下的养老资源更加丰

富,且由于"孝道"等主流思想文化的影响,在过去农耕自然经济的时代,中国的老年人具有以庞大子女数量为保证的良好养老服务力量。通过历史反映出的特征,一般在人口增长速度较快的时代,伴随着老年人更高的养老福利水平。有学者提出,受我国古代封建自然经济的特征影响,以农耕作为主要生产方式带来的是生产与家庭的紧密结合,而社会文化方面崇尚经验主义和孝老的思想观念,生活方式以宗族化和地域化为核心特征,以及人口流动性较差的社会特征,从社会环境到人文环境再到生产模式的契合,家庭养老模式应运而生,且子女对老年人的养护能够更直接、更便捷的满足老年群体的养老需求。其中,家庭养老模式的重要特征是子女对老人长久的守望和照顾,并且能够完美的适配自然经济主导之下的家庭生活模式、家庭生产方式,同时伴随着宗族化和地域化的文化底蕴,家庭养老模式不断发展。

然而随着时代的变迁和社会的发展,家庭养老模式的外部环境因素发生了很大的变化。以农业为主的小农经济瓦解,资本主义影响下的工业化、市场化影响不断加深。大部分中国人的生活由家庭与生产劳动关系结合紧密的农耕生活,到家庭与生产劳动关系逐渐分开的工业化生活,再到人口随经济发展流动的市场化生活,以往以子女不离家,守望和照护老年人为特征的传统家庭养老模式面临着巨大冲击。老年人在这个过程中慢慢失去了原有充足的子女养老照护服务。同时,计划生育政策的实行,使得原本大的家族体系人口数量和结构消失,4-2-1的家庭模式逐渐形成,使得家庭养老最基本的子女养老功能弱化,家庭养老不再普适于现代化的我国社会现状。同时,伴随着我国经济发展水平的不断提高、社会的不断进步以及人民生活方式的不断转变,老年人的养老服务需求也变得多样化,如老年疾病、慢性疾病的增加,对于医疗、专业护理、康养等专业化养老服务的需求不断增加,传统家庭养老的功能已经不能满足新时代老年人的养老需求。随着我国社会的不断发展,家庭养老的问题也越来越明显。数据统计,2020 年,我国的老年抚养比降低为 5∶1,意味着中国每 5 位劳动力人口将承担 1 名老年人的抚养责任,而 2020 年,则达到 2∶1;根据《中国养老金发展报告 2016》的内容,2015 年的统计数据显示我国城镇在编岗位职工基本养老保险个人账户累计记账额度为 4.7 万亿元。然而 2015 年城镇职工的基本养老保险累计剩余额度只有 3.5 万亿元。意味着即使把养老保险的余额全部用于补充个人账户的欠额,依旧存在着超过 1 万亿元的赤字。面临着当下严重的老龄化压力以及未来更多样化的老龄化需求,家庭养老模式越来越力不从心。

（三）家庭养老面临的主要困境

1. 子女压力过大

目前4－2－1家庭模式的主要问题在于家庭内部赡养力量的下降。在4－2－1家庭模式下，"1"部分的独生子女在结婚并组建新的家庭后，面临的养老压力来自夫妻双方父母的四位老人。计划生育政策实施以前，一个家庭的两个老人由多个子女共同承担赡养责任，家庭内部赡养力量较强，不论是经济压力还是生活照料事务的压力都因多个子女分担而相对较低。然而，现阶段老龄化的冲击，使得独生子女不得不面临着独自赡养父母的巨大养老压力。首先是经济方面，独生子女不仅需要供养自己的家庭，抚养下一代，还要拿出相当一部分经济收入用于赡养父母。往往老年人退休之后，收入急剧下降，积蓄通常也用于子女结婚成家，养老经济压力较大，因而独生子女的养老经济压力也随之大大增加。而且，现今市场上无论是机构养老还是购买服务，成本都相对较高，对于有特殊养老服务需求的4－2－1家庭，经济压力则更大。其次是照护方面，由于生活压力和赡养压力，使得独生子女不得不忙于工作以获得更多的经济收入，因而对家庭内老年人的照护工作就难以完成。老年人往往需要配偶照护或独自照护才能保证基本的生活起居，对于年龄越来越大的老年人群，自我照护显然不是解决养护问题的根本方式。而独生子女又很难抽出时间对父母进行长期照料，家庭养老的不足已经越来越明显。

2. 难以满足养老需求

在计划生育政策实施以前，我国经济发展缓慢，人民生活水平和生活需求水平相对较低。养老需求较为单一，主要内容为生活照料和陪伴，在多子女的大家庭内，依靠子女数量的优势，满足生活照料需求以及精神陪伴需求相对容易，传统的"大家庭"的养老服务提供能力相对较强。然而4－2－1的家庭模式变迁，独生子女家庭内的子女由于工作原因很难满足父母的生活照料需求，精神陪伴时间相对于传统"大家庭"也大大减少。随着社会生活的不断进步，老年人的需求更加多样化，传统的基本生活保证已经不能满足新时期老年人的需求。老年人需求的多样化由生活、工作、家庭等多个因素共同影响，真正满足老年人的养老需求存在着供需不平衡的问题。也就是说目前养老服务存在着供大于求和供不应求等供需问题，而多种主体共同参与会产生复杂的程序交错过程，这种复杂的程序交错过程难以在目前我国养老服务环境下良好的运作。同时，这样的服务运作过程体系有极强的主观性特征，实际运作过程中难以真正满足老年人的多样化需求。如：医养结合方面，老年群体由于年龄因素，面临的健康风险更大,患各种慢性疾病的比率更高,对于日常医疗养护的需求很大,家庭养老模式难以提供专业化的医疗服务;精神慰藉方面,由于缺乏子女的陪伴,老年人的精神慰藉需求不容忽视,尽管配偶的陪伴能够缓解一些精神上的需求,但更多的精神慰藉需要老年人自己解决。而老年人如何重新定位角色融入社会,得到精神上的满足,是家庭养老模式不具备的功能。老年人需求的多样化是由生活、工作、家庭等多个因素共同影响,真正满足老年人的养老需求也是复杂而多样的。目前养老服务的供给难以全面满足老年人的多样化需求,而多种主体共同参与会产生复杂的程序交错过程,这种复杂的程序交错过程难以在目前我国养老服务环境下良好的运作。同时,这样的服务运作过程体系有极强的主观性特征,实际运作过程中难以真正满足老年人的多样化需求。

二、空巢老人、孤寡老人养老问题

(一)空巢老人

空巢老人作为一种社会现象,一直受到广泛关注,最突出的特征是缺乏子女的养护,包括夫妻共居和独居的生活状况。一般存在着三种类型:一是有子女但不与老人共同居住的空巢老人,二是既无子女也无配偶的孤寡老人,三是因子女远走而无法照顾的空巢老人。由于计划生育政策下的首批独生子女父母已经步入老年,受 4-2-1 家庭养老功能的弱化影响,空巢老人养老面临着一系列困难。由于缺乏子女的照护,空巢老人对于养老机构的需求量比其他老人更大,受制于经济条件等原因,只有一部分老年人能住得上合适的养老机构。而这第一批独生子女大多都在三十四十岁左右,是社会发展建设的核心力量,事业忙、工作任务重是这一代人正面临的生活状态。大多数的这代独生子女面临着时间和经济的双重压力,工作和生活的繁重使得他们很难抽出时间照护老人,而经济上又面临着成家育子的种种支出,对父母的养老显得力不从心。

(二)空巢老人养老现状

根据全国老龄办发布的统计数据,从 2010 年到 2020 年,我国老龄人口的平均增速达到了 3.28%,是我国总人口增长率的 5 倍,老年人口在未来总人口的比例将进一步扩大,且目前城乡空巢家庭以及类空巢家庭的老人数量很大,超过老年人口总数的 40%。有专家估计,2030 年我国老年人口总数量将超过 3 亿,空巢老人数量以及空巢家庭比例将超过 80%,可能有超过两亿的老年人成为空巢老人。空巢老人作为我国老龄化问题中的重点,其养老现状、养老问题已经开始受到社会的广泛关注。如何应对空巢老人的养老困境,满足其养老需求,让老年人真正老有所养、老有所依,是我国社会面临的重要问题。

（三）农村空巢老人养老问题

农村地区是空巢老人数量最多、问题最复杂的地区。既存在着基础设施不健全、经济发展水平低、生活质量较差等客观条件问题,又存在着文化精神活动严重不足、精神陪伴严重缺失等主观精神慰藉问题。

1. 缺乏经济收入

在我国,农村地区经济发展水平普遍低于城市经济发展水平,农村的生活环境伴随着较低的经济收入水平,导致了大量的农村进城务工人员,空巢老人也由此产生。缺少了大量的青壮年劳动力,农村发展速度缓慢,生活水平很难得到改善,绝大部分农村空巢老人面临着低水平的贫困生活。农村空巢老人除一定的家庭积蓄以外,经济收入来源主要有三种方式。一是劳动收入,与城市老年人退休在家不同,由于大量的农村青壮年劳动力外流,为了获得稳定的经济收入,大多数的空巢老人充当着农村重要劳动力进行着各类劳动。据调查显示,有超过 40% 的农村老年人进行着全职务农,超过 5% 的农村老年人兼职务农,还有一少部分的农村老年人进行着务农以外的其他劳动生产活动。而对农村老年人继续劳动原因的调查结果显示,超过 75% 的老年人认为继续劳动是主要的经济收入方式,说明农村空巢老人继续劳动是为了缓解经济收入低导致的生活压力。然而,大多数老年人因为劳动技术以及身体条件等因素的制约,劳动的主要形式依旧以农业耕作为主,经济收入水平低下。二是子女的供养,我国法律将赡养父母规定为每个子女的责任和义务,而子女的经济水平直接影响到老人受到的养老服务水平。那些经济条件好的子女能给老年人提供更优质的养老服务和生活条件,不仅包括基本的生活需求,还能提供如医疗康养及精神慰藉的基础设施,能够提高老年人的生活质量;而经济收入较低的子女,可能只能满足老年人最基本的生活需求。因而来自子女的经济供给水平差异性较大,难以使得空巢老人群体都能够获得较好的养老服务。三是政府所提供的养老保险,目前制定的农村新型社会养老保险普及型很强,有"覆盖广、保基本"等特点,然而也导致了保障水平较低,对于改善农村空巢老人生活效果有限。

2. 生活和医疗困境

子女作为老年人的监护者,在家庭养老模式中承担着照料父母日常生活的责任。然而,有一部分子女个人道德素质差,把赡养老人看作是负担,逃避赡养老人的义务;也有些子女由于家庭和工作的客观条件限制,也无法尽到赡养老人的义务。在大多数空巢老人的家庭中,子女不能对老人在生活照料方面提供持续性的支持,多数空巢老人只能依靠配偶和自身照料日常生活起居。然而由于年龄原因的影响,空巢老人自我照料的能力十分有限,即便是配偶照料也面临着身体机能下降和疾病的风险,且自理能力随着年龄的增加而不断降低,患病失能风险却随着年龄增加不断增加,使得空巢老人日常生活面临着非常大的困难,生活质量严重下降。根据数据调查结果显示,超过 60% 的农村空巢老人患有各类老年慢性疾病,超过20% 的农村空巢老人患有严重疾病,超过 5% 的空巢老人面临瘫痪失能的困难。在城乡养老服务的开展方面,许多城市的社区建立了养老服务中心,以社区为平台,为老年人提供医疗康护、家政协助、生活照护等日常养老服务。然而农村范围更广,养老服务的建设存在困难,养老服务水平较低,大部分农村尚未建成以农村社区为基础的养老服务模式,存在着农村社区建设程度较低、养老服务制度不完善、专业化人才短缺等问题。而且,受消费观念以及收入水平的影响,老年人舍不得去医院治病,病情实在严重才会考虑到农村较为简陋的医院诊治,"小病拖、大病熬"是农村空巢老人面临的医疗困境。农村医疗水平落后于城市,一般的乡镇级医院和乡村医务室的医疗基础设施严重不足,尤其是乡村医务室,大多只配备了出诊箱、听诊器、血压仪等基础医疗设备,而老年人常需要的电子医疗器械如心电图仪等设备则少有配备,且常常存在因场地限制导致各类医疗功能室被迫合并在一起。很多重病的空巢老人由于失能且无人照顾,很难到更高级别的医院就医护,面临着更为严重的"看病贵、看病难"问题。

3. 精神缺少慰藉

根据马斯洛需求层次理论,在满足了低层级物质需求之后,人会追求更高层次的精神需求。一方面,农村空巢老人面临着物质条件的缺乏,生活水平较低;另一方面,由于缺乏子女陪伴而导致精神缺少慰藉,形成孤独的心理状态,是农村空巢老人面临的重要问题。受制于外出务工以及经济条件等客观因素制约,子女往往很少回家看望老人,电话联络成为双方联络最固定而简单的沟通方式,很难有情感交流和精神慰藉。相对来说,城市内老年人精神文化活动更加丰富,如老年活动中心、老年艺术社团等老年人社会组织远远多于农村;而更加良好的基础设施,如影院、剧院、广场舞等给城市老年人更多的精神生活选择,与农村空巢老人形成了较大反差。农村老年人受制于缺乏经济发展水平较低,公共文化服务较少,且个人文化水平不足,使得他们的文化娱乐活动很少,基本的精神慰藉需求以听广播、看电视等方式满足,然而对于内心的孤独和寂寞感依旧难以解决。

同时,由于目前我国农村空心化现象的不断加剧,农村人口越来越稀少,直接导致农村老人的邻里沟通减少。上述因素是导致农村空巢老人精神慰藉缺失的主要原因,根据全国老龄办的调查结果显示,超过十分之一的农村老人幸福感较低,超过三分之一的老人有孤独感,超过三分之二的空巢老人孤独感强烈。农村老人的空巢生活状态已经导致了严重的社会问题,然而由于目前农村居家养老建设缓慢,农村家庭养老功能退化,严重将导致农村空巢老人自杀等问题。

（四）城市孤寡老人养老问题

与广大农村空巢老人群体类似,许多居住在城市里的老人也面临着因远离子女而得不到良好的养老。与农村空巢老人不同的是,城市内孤寡老人产生的原因大多与家庭关系有关。一般来说,我国城市经济发展水平高于农村,城市居民收入较高,相对于农村子女被迫外出谋生而产生的空巢老人,城市内孤寡老人的产生主要原因是子女与老人关系的问题。家庭关系的矛盾、生活理念的差异以及子女组建新家庭后与原生家庭的冲突等,都会导致城市环境下孤寡老人的产生。一方面,受4—2—1家庭结构变迁的影响,独生子女一人将承担两位老人的赡养压力,子女对老年人的赡养压力比过去更大,主观意识易产生家庭矛盾。另一方面,受代际关系影响,大多数老人与子女的生活方式不同,子女结婚后重新组成的家庭难以像过去与原生家庭融合,客观环境易导致家庭矛盾。还有些子女道德素质低下,不履行赡养老人的义务,通过各种方式逃避赡养老人的工作。城市孤寡老人养老问题越来越成为我国社会养老问题的重要问题。

1. 信任危机

由于孤寡老人群体属于社会边缘群体,对快速变化发展的社会认识程度不足。对于目前我国社会养老的主张存在着不了解、不信任的情况。尽管相对于农村空巢老人有更好的养老经济条件以及更好的养老基础设施,但由于缺乏子女的帮助了解以及子女的支持,很多城市内孤寡老人对政府、机构、社区等部门提供的养老服务无法信任。因而长期处于传统的家庭养老模式,很难得到良好的养老服务。同时,由于家庭矛盾的影响,这类老年人群体心理健康方面更容易出现问题:既然无法信任子女,更无法信任社会。因此,城市孤寡老人在主观层面对政府、社会提供的养老服务存在信任危机。

2. 责任危机

老与家庭紧密相连,养老是家庭的责任。子女赡养、家庭养老这一模式成为广大老人对"养老"这一概念的统一认知。孤寡老人出现的根本原因从道德和法律的本质来看,是子女的不作为,子女依法对老年父母具有赡养的责任和义务。然而,目前我国社会养老问题已经不再是以家庭为单位的问题,而是现象化的社会问题,养老责任主体多样化是解决我国老龄化问题的发展趋势。政府、社会、子女以及老人本身都是养老的责任主体,依靠家庭单位难以处理好养老问题,养老责任主体不明晰导致政府对养老事业规划不明、支持不足;社会对养老问题关注不够;子女对赡养责任的逃避;老人本身对养老问题存在误区等。

3. 边缘化危机

对比农村空巢老人,城市孤寡老人相对数量较少,但绝对数量依旧很多。然而,社会对城市孤寡老人的关注度很低,如近年来城市孤寡老人"孤独死"现象越来越多,很多孤寡老人在家中去世很久才被人发现,令人唏嘘不已。一方面由于孤寡老人难以融入社会,在面临子女逃避赡养义务的情况下不会使用合法手段维护自身权益,相关社区和政府部门难以获得真实情况,使得自身养老困境长期难以解决。另一方面,由于近年来多发的老年人事故误判,导致社会价值观出现扭曲,很多人"谈老色变",对老年人关注度下降,间接导致了城市孤寡老人社会边缘化进一步加重。既得不到子女的良好赡养,又由于种种原因导致社会边缘化而得不到来自社会的帮助,城市孤寡老人的养老问题需要整个社会反思和努力。

三、失独老人养老问题

(一)失独老人的由来

失独家庭的最大特征在于家庭中独生子女的意外去世。一般来说,失独家庭是在父母由于年龄原因无法再生育的情况下,子女因病或者意外事故去世使得老年人被迫承担养老压力的家庭。而失独群体是计划生育政策影响下,因独生子女遭遇意外事故、疾病等原因死亡的父母组成的群体。老年人由于年龄原因,存在身体各项机能退化、社会边缘化的现象,本就属于社会弱势群体范畴。然而,相对于普通老年群体,失独老人更加特殊,面临着更加复杂而严峻的养老形势。

(二)失独老人的养老现状

失独群体是我国老龄化问题中特殊的老年群体,而由于失独家庭的数量不断增加,失独群体带来的各项社会问题已经引起了广泛关注。受计划生育政策的影响,我国形成了数以亿计的独生子女家庭,而随着现代社会的各项风险,生命安全的隐患不容忽视,因而使得失独家庭不断增多。家庭是社会生活的基本单元,但对因遭遇意外事故或疾病等导致独生子女死亡的失独老年人群体来说,正常的家庭结构被打破,还需承受巨大的生理、心理、经济和养老等方面的压力。有研究表明:我国失独家庭主要分布于城市化水平高、计划生育工作水平高、人口规模大的地区。目前,我国对失独群体的数量和规模尚无十分准确且权威的统计数据,有学者和研究机构根据卫健委和统计局发布的数据进行样本分析认为:我国至少有100万个失独家庭,且每年新增失独家庭7.6万个。据估计,在2035年可能突破1 000万个家庭。未来失独家庭数量将保持持续增长的态势,越来越多的失独老人面临养老问题,亟待社会为这一群体提供有效帮助。

（三）失独老人养老困境

1.心理和精神打击

在独生子女家庭普及的今天,失独对一个家庭的打击是致命的。老年人由于年龄原因,心理承受能力本就相对较弱,在面对失独的打击时,很有可能导致意志消沉、郁郁寡欢,出现各类心理和精神上的问题。当其他老人能够在家庭中获得子孙陪伴带来的心理慰藉时,失独老人往往只能依靠回忆子女获得心理慰藉,而回忆同时也会带来现实的打击。同时,失独老人通常难以把心中所想与他人沟通,很多失独老人由于子女去世的打击放弃了工作和事业,社会交流急剧减少。心理状态发生变化,寂寞和孤独感更加明显。虽然目前政府已经制定了一系列关怀失独群体的政策,但以经济补偿为主,对于精神慰藉问题依旧难以解决。如何解决失独老人精神创伤的问题,保障其"老有所乐"应引起社会的重视。

2.普遍的经济困难

一般来说,老年人退休之后的收入来源主要为退休金,相对于退休前的在职工资水平,收入急剧降低,无法只依靠退休金实现良好的养老。而且,失独家庭往往在子女事故的过程中将积蓄用作医治子女,失去了最根本的经济保障,承受着既失去子女又消耗了积蓄的双重打击。根据国家统计局的数据显示:有27%的我国老年人主要收入来源于各种形式的退休金、养老金;超过35%的老年人无收入来源,需要靠其他家庭成员供养来维持基本生活;还有超过3%的老年人生活在社会最低保障边缘线上,靠国家的低保金维持生计。而大多数失独家庭的经济情况不容乐观,一般都是由于极高的医疗消费导致,在农村环境下尤为突出。既失去了子女这一最直接的养老保证,又面临着严峻的经济困难。尽管目前政府已经针对失独家庭出台相关政策,提供一系列的经济补贴和援助,但面临着医疗、照护等多方面的养老需求,显然还难以解决失独老人面临的经济困难。

3.健康风险增加

老年人随着年龄升高，身体各项技能弱化，产生疾病的概率高，加之失独之痛对于精神和身体形成了双重打击更增加了他们疾病的发生率。根据调查失独群体健康情况的结果显示，尽管很多失独者绝对年龄仅在 50 岁到 60 岁之间，但有相当多的失独者患有高血压、心脏病等老年慢性疾病，癌症以及瘫痪失能的比率也高于正常老人。并且由于失独之痛的打击，这类群体心理和精神疾病的患病率远远超过正常水平。表明失独老人的健康问题不容乐观，不仅是缺乏亲人照护，患各类疾病的风险也大大增加，对于那些高龄失独老人来说更加危险。而在现今医患矛盾突出，老年人看病贵、看病难问题尚未解决的情况下，关注失独老人健康问题，保证失独老人老有所医是失独老人养老问题的重点。

4. 晚年生活照料无依

生活自理问题是失独老人的又一个养老问题。随着年龄的增加以及缺乏子女照护，很多失独老人由于疾病和年龄过大的原因丧失了部分自理能力，少部分则完全失去自理能力卧病在床。尽管与配偶一起生活可以相互照护解决生活问题，但如果丧偶或离异，同时年龄过高，无人照护的情况之下，基本生活自理问题就变得难以处理。对于那些年龄较低的老年人是即将面临的困难，而对于那些高龄失能老人来说自理问题就显得尤为突出，失独老人最关注的问题就是生活基本质量的保证。

5. 机构养老障碍

失独老人与其他老人最大的区别在于缺乏赡养的责任主体，老人在选择机构养老作为养老方式时，需要由子女作为责任主体将赡养工作交由养老机构来进行，子女在赡养老人的过程中已经成为老人的监护者。缺乏了监护者作为赡养责任主体，养老机构本身无法作为责任主体独立接收失独老人。而社区作为失独老人的社会责任主体在目前的社会环境之下也无法真正成为失独老人的监护者，担保失独老人机构养老的风险。同时，机构养老往往伴随着高成本，那些经济拮据的失独老人，难以依靠自己的收入获得机构养老服务；且国家对于"三无老人"和"五保老人"的特殊政策不适用于失独老人，无法进入公办社会福利院养老，低收入的失独老人也因此无法实现机构养老。在目前社会养老选择本就不多的情况下，失独者的特殊身份更使他们面临老无所养的困境。

第三节　中国养老制度创新的扩散机制

一项新的养老制度创新在推广、采用的过程中，到底有哪些因素是制度创新被推广、采用的原因？在什么时候、如何被推广、采用？这在本质上是一种多层次的学习机制。为进一步深入探究养老制度创新的扩散机理，本研究选取了三个典型的养老制度——社区居家养老制度、时间银行互助养老制度、代际学习中心养老制度等，研究中国养老制度创新扩散的传染病模式、社会阈值模式、社会学习等创新扩散模式，为下一步的养老制度创新打下基础。

一、社区居家养老制度创新的传染病扩散模式

（一）社区居家养老制度发展

1. 社区居家养老模式的提出

社区居家养老模式这一概念的提出，最早可追溯到 20 世纪英国的"社区照顾"养老模式的实践。"社区照顾"是指社区利用社会多方力量，结合政府和社会组织，共同提供老年人所需服务的社会服务项目。它作为一种城市管理方法，对老年群体进行包含日常生活照料、医疗护理（残疾或疾病类身体护理等）、精神慰藉（情感支持、休闲娱乐等）等多方面的多元化照顾，主要涉及四个方面的内容：其一是生活照料形式（如居家服务、家庭照顾、老年人公寓、托老所等）；其二是物质资源支援（如提供食物、安装设施、减免税收等）；其三是精神文化支持（如治病、护理、传授养生之道等）；其四是人文环境关怀（如改善生活环境、发动周围资源予以支持等）。此外，还可能会提供一些老年群体可参与的志愿性服务工作。

早在 20 世纪三四十年代，英国、美国等一些传统的西方发达国家已进入老龄化阶段，且面临着经济滞胀的困境，政府财政支出过高，难以维持高昂的社会福利支出，因而国外学者很早就开始研究老年人的生活及抚养问题，并在养老方面探索社会化养老模式。1950 年，英国首创"社区照顾"养老模式，其主要特点是以政府购买社会服务作为主要方式，将市场机制引入养老服务业，开启了社区照顾养老模式的时代。《照顾人民》白皮书及《国家卫生服务和社区护理法》的发布，使得英国正式将社区化养老照顾作为养老服务体系的核心，并明确了社区养老服务的功能和运营模式。在资金来源上，它的特点体现为通过国家福利的形式以政府购买为主，社区相关的服务设施由政府出资购买，同时由家庭成员照顾的部分老人，政府也

会采取发放津贴的方式来给其家庭提供经济上的资助;此外也将市场机制引入养老服务业。在此后的发展实践中,英国的社区照顾养老服务形成了一套从政策制度到运行机制再到监督保障的完善系统模式。

而我国的社区居家养老服务模式与英国的社区照顾模式有许多相似之处。目前,各地社区居家养老试点建设中,也采取了市场经济体制下的政府购买手段,优先向那些有特殊困难的老年人提供各项优惠和补贴。在数十年的探索中,我国政府通过不断的尝试和建设,已经初步形成了有中国特色的社区居家养老模式体系。作为对传统家庭养老模式的变革和探索,社区居家养老这一概念是近年来政府为应对我国老龄化问题提出的新型社会养老模式。其核心要求是搭建社区服务平台,依靠政府和社会力量协助,以社区为单位向老年群体提供包括家政、日托、照护、医养以及精神慰藉等全方位养老服务的新型养老服务形式。

2. 国内社区居家养老制度梳理

从 20 世纪 80 年代末开始,探索有我国特色的社区居家养老服务模式已经提上了日程。到 90 年代末,面临着老龄化的冲击,上海作为我国经济发展的中心,率先开始对以政府购买为主要形式的居家养老模式进行建设。2001 年 6 月,民政部提出社区养老服务"星光计划",在全国范围内推广政府购买、社会力量参与的社区养老模式。通过建设社区服务网络,推广至全国各地实施社区居家养老服务模式,向社区照料提供平台,给老年人一个稳定的养老场所。2006 年 2 月,国务院办公厅颁发了《关于加快发展养老服务业的意见》,提出了养老服务业的发展原则,其中政府的政策引导和财政支持是核心,社会力量和市场机制是动力。建设以社区为平台、居家养老服务为重点、机构养老服务为补充的全方位多层次养老体系。2008 年 2 月,国家 10 部委联合颁布《关于全面推进居家养老服务工作的意见》,明确提出在养老服务业的发展中要突出居家养老模式的核心地位和作用。在"十一五"规划期间,建设全方位覆盖城市社区的居家养老服务网络,不断完善基础服务设施的建设,不断丰富服务的内容和形式,不断壮大养老服务队伍。建立健全和完善社区居家养老模式的组织、管理以及监督机制。2009 年 11 月,民政部《关于进一步推进和谐社区建设工作的意见》指出要发展以社区为平台、居家养老服务为重点、机构养老服务为补充的多层次社区居家养老服务模式,同时加快推进社区老年人日托照料服务和基层社区养老服务机构建设。进一步明确社区、居家和机构三方面的关系,将 2006 年提出的"服务体系"细化为"社会养老服务体系"。2011 年 9 月,国务院《中国老龄事业发展"十二五"规划》将建设以社区为平台、居家养老服务为核心、机构养老为支撑的社区居家养老服务模式作为养老服务事业建设的主要方向。在规划中将机构养老服务的要求由"补充"提升为"支撑",对各类养老服务机构提出了新的要求。同年 12 月,国办印发《社会养老服务体系建设规划(2011—2015 年)》,通过对社会养老服务体系内容的进一步解释,更加明确了对居家养老服务模式的定位和要求。

2013 年 9 月,《国务院关于加快发展养老服务业的若干意见》中强调,以社区为平台、居家养老服务为核心、机构养老为支撑的养老服务体系建设已初具成果。同时指出目前我国养老服务业存在城乡和地域发展不均衡、养老服务以及产品供需不平衡、养老市场发展水平不足等一系列问题和现状,并进一步提出加快我国养老服务业发展的要求。2014 年 8 月,财政部、发改委、民政部、全国老龄办《关于做好政府购买养老服务工作的通知》,把政府购买社区居家养老服务的原则和目标做了进一步的说明。以地方养老服务具体需求出发,从服务的对象、内容和特征出发,在养老服务人员培训、日常生活照料服务和医养结合等方面进行政府购买服务。同时在对机构养老服务、养老服务人员培养、社区养老服务、居家养老服务以及养老评估等五个方面的政府购买上,细化了政府购买工作的内容。2015年 4 月,发改委、民政部、全国老龄办《关于进一步做好养老服务业发展有关工作的通知》,提出督促落实养老服务业发展政策、切实加大养老服务体系投入力度、积极谋划"十三五"养老服务体系建设、统筹推进养老服务业综合改革试点、扎实推进健康与养老服务重大工程、积极推动养老服务业创新发展、探索建立多元化投融资模式、有力维护养老服务业发展环境,切实保障社区居家养老模式发展。2016 年 10 月,民政部《关于支持整合改造闲置社会资源发展养老服务的通知》指出,充分挖掘闲置社会资源,引导社会力量参与,将城镇中闲置土地楼房资源,以及包括国有企事业单位、政府机关和党校等管辖的具有教育培训性质和休养疗养性质的机构等各类场地,通过一定的改造程序,整合资源用于包括社区居家养老用房、养老服务机构等养老服务基础设施的建设。同时,在服务供给方面加大力度,使得老年群体能够更加便捷地享受近距离的养老服务,向建设社区为平台、居家为核心、机构为协助、医养结合为特色的全方位多层次社区居家养老服务体系提供保障。

2017 年 1 月,民政部《关于加快推进养老服务业放管服改革的通知》指出,强化养老政策的宣传推广工作。加强向对社区居家养老服务和养老服务机构有意向的个人、企业法人以及各类社会组织相关政策措施和法律法规的宣传和解释工作。要求完善相关办理流程,如制定规范的建设指导要求,为申请人的行政许可手续办理提供便利并强化政策优惠力度,提高养老事业的资源吸引力。将政府购买的社区居家养老服务内容优化整合,努力培养和支持优质养老服务供应主体发展。2018 年 7 月,民政部颁发了《关于印发贯彻落实中共中央国务院关于打赢脱贫攻坚战三年行动的指导意见行动方案的通知》,提出要完善农村养老服务基础设施的建设,紧密结合"十三五"规划提出的社会服务兜底工程要求。同时,加快农村社区居家养老服务试点建设,着力发展乡村互助式养老服务,提高农村社区居家养老服务的服务供给能力,努力满足农村老年群体的养老服务需求。2019 年 9 月,民政部颁发了《关于进一步扩大养老服务供给促进养老服务消费的实施意见》,要求加速推进城市社区居家养老服务建设。以社区为养老服务基础平台,在各级街道设置多功能的社区养老服务机构,包括日托全托服务、上门家政服务等。开发嵌入式日间照料机构和养老服务机构,为社区内老年人提供包括日常照护、助餐助行以及精神慰藉等多样化的养老服务。同时,激发各类企业、社会组织等社会主体参与到社区居家养老服务中,鼓励和培养一批高水平专业化的社区养老服务力量,并支持其经营和可持续发展。在经济条件允许的地方以政府购买等方式建设老年食堂和家政服务中心,满足老年群体日常生活照料、就医、助行等服务需求。在几十年来对适合我国国情的社区居家养老模式的探索中,各地也形成了不同具有地方特色的社区居家养老服务模式,大连市的林海模式就是典型案例之一。

(二)"林海模式"现状

林海社区是大连市中山区葵英街道下属的社区,葵英街道党工委在近年来实施"居家为基础、社区为依托、机构为补充、医养相结合"的工作思路。在林海社区内建立了 800 多平方米的居家养老驿站。为辖区老人提供诸如:小食堂优惠就餐服务、居家养老医生为老年人提供日常身体检查、养老驿站为老人提供日常理疗服务、书画室为老人提供书法绘画交流、养老驿站内部提供运动娱乐场所等 10 余项具体的居家养老服务内容,能够对老年人的就餐、就医、娱乐等基本需求进行满足。一方面相对减轻了这些老年家庭中的年轻后代日常赡养的压力,以社区为平台提供的养老服务具有更好的质量保证,也使得这些年轻人放心把老年人的一部分养老工作交给社区,减少了他们的后顾之忧;另一方面,社区内的老年人在享用社区提供的各项养老服务的同时,能够提高对社区居家养老模式的信任和支持程度,使得老年人对社区有了归属感和认同感。

林海社区养老驿站还设置了四种具体特色的养老模式:"夕阳有约"邻

里互助居家养老模式：依托社区组织健康年轻的老年人，成立"夕阳有约老年互助社"，自愿结对，采取一对一，多对一邻里互助方式，照顾高龄、病残和空巢老人。一方面为年轻健康的老年人实现了自我价值，另一方面又为需要照顾的高龄老人提供了必要的服务；"时间银行"养老模式：组织社会志愿者为居家老年人提供生活照料、精神慰藉等互动式服务，服务以小时为单位，储存到志愿者个人账户中，当其自身需要服务需求时，由其他志愿者提供相应时间的服务，实现互助养老服务的持续发展和健康循环；"暖巢"养老服务模式：以 2013 年成立的林海社区"暖巢志愿服务超市"和社区志愿者服务中心为平台，以社区内的空巢老人为主要服务对象，通过调查他们的日常生活需求，有针对性地为他们提供日常生活照护的志愿服务；"候鸟式"居家养老模式：由林海社区和金海假日旅行社共同打造的养老养生度假项目，像鸟儿一样随着气候变换选择不同的地域环境养老，也就是随着季节变化选择不同的地方旅游养老。为有条件的老年人提供更高级的养老形式，在改变传统养老观念的同时，给老年人提供了更好的精神慰藉。

（三）"林海模式"特色

1."三位一体"民意配送

林海社区的养老服务核心模式是"三位一体"的民意配送服务。其中，林海社区党总支以总结、改进、创新为主要任务，通过设立接收诉求渠道实现"会民情"（老年人提出问题）；通过针对群众需求提供服务达到"惠民生"（解决老年人问题）；通过便民服务群众中的反向提交达到"汇民心"（总结老年人问题）。"三位一体"民意配送的服务具体流程是对辖区老年人进行多种形式的民意收集，分别是：街道集中受理、社区服务站集中受理、楼院民情观察站集中受理、民情信息员面对面受理等受理方式。在办理的流程中，将所反馈的事件按其具体性质和紧急程度分为即办件、待办件、上报件、建议件、补办件和重办件。并在结果反馈的事项中按照受众类型分为共同性问题：固定公开反馈和集中公开反馈；个性问题反馈：单项反馈。在整个的信息采集办理和反馈流程中，服务受到来自个体、社会、网络、评议和专门部门的监督，保证整个养老服务流程的合理和有效性。

2."3＋N"党建共建体系

林海社区的养老服务主体不限于社区居委会、业主委员会和物业公司三种常规主体。社区联同如各类银行、经贸公司、学校等，丰富了社区养老服务的内容，提高了社区养老服务水平上限，保证了社区的服务质量，并设立共建体系联席会议制度：在社区党总支领导下，由业主委员会、物业公司、辖区单位组成。目的是为了交流社区党建工作的信息和经验,为社区党建工作建言献策,从而带动党员和社区居民参与到社区居家养老服务工作中来,通过对社区内资源的有效利用,促进社区居家养老模式的发展。

3. 楼院—支部—党员结合的管理机制

为了更好地发挥社区基层养老服务功能、优化社区服务水平,林海社区在其社区党总支建制之下在社区内部设立了分管楼院党支部和功能性党支部。这里主要介绍楼院党支部的内容和特色,楼院党支部下细分为林文楼院党支部、林明楼院党支部、林和楼院党支部和林谐楼院党支部,寓意为文明、和谐。按照社区内具体的地理范围划分为四个楼院区域,每个楼院设立分管书记一名和委员两名,内含 20~39 人不等的党员组成党支部。其目的是以党支部的形式,把每个楼院范围内的党员团结起来,既有利于基层老年人问题和需求的了解和采集,又能够发挥基层党员在其他居民中的带头模范作用,使得社区养老服务工作开展更加顺利有效。并根据葵英街道的党代表实施办法设立党代表楼院接待日制度,进一步发挥党代表在楼院的桥梁和纽带作用,发挥楼院制度在社区养老服务中的基础性作用,及时收集和听取党员群众的建议、意见和要求,使得以楼院为单位老年人的诉求能够有较好的反馈效果。

4. 林海模式的传染病扩散机制

从林海社区的养老模式内容来看,多主体协同合作分工提供不同方面的养老服务是最突出的特点。从个人和企业的角度来看,林海模式的扩散主要表现在:日常生活上社区提供老年食堂,健康问题上社区联合医院协调家庭医生,精神生活方面与旅游企业合作。既满足了个体老年人的基本需求,又能为各类企业单位提供市场,达到互利共赢的目标,使得这种模式受到老年群体的欢迎和推广,也令各类企业积极寻求类似社区居家养老模式的合作。在林海模式的影响下,更多餐饮企业开始寻求与社区合作,老年食堂的模式越来越多地被效仿。一方面开拓新的市场,提高经济效益,另一方面为社区内老年群体提供便利实惠的就餐服务,丰富社区养老服务功能;家庭签约医生数量逐渐增加,通过社区医疗服务站等形式的推广,不仅为社区内老年人提供统一的健康服务,还能针对各个老人的健康状况对不同老人提供特定的医疗服务;"候鸟式"夕阳红旅行养老模式逐渐被认知和推广,既丰富了旅游企业的产品种类,又给有条件的老年群体提供了更高级、更舒适的精神养老选择。

从政府的角度来看,林海模式的扩散主要表现在:通过总结林海社区养老服务模式的特征,大连市中山区政府在区内各个社区推广了"1+1+

N"的养老服务模式体系,首先以信息调查的方式了解社区内老年群体的养老需求并建立数据库,同时设立专门机构协调推进社区居家养老服务工作。在文化娱乐、康体锻炼、家政服务和信息平台服务等多方面丰富社区居家养老服务的内容。同时出台一系列的保障性政策,如整合房屋资源优先进行居家养老服务相关基础场地建设;提供专项家庭医生补贴;以政府购买的形式提供日常服务项目补贴;对规模较大的日间照料机构提供建设、运营补贴;对家政服务站进行专项补贴等。大连市政府于2017年2月颁布《推广社区居家养老服务"林海模式"实施方案》,要求在市内三分之一的社区学习并推广"林海模式",同时在推广过程中强化各项指标:第一是强化养老服务的有效供给。根据老年人生活需求并结合原社区居家养老工作的实际要求,按照4个基本养老服务项目、3个必备养老服务项目以及7个拓展养老服务项目的模式进行推广。第二是强化政策支持。根据不同地区老年群体因地制宜地提供服务优惠政策,积极引导社区食堂、日间照料志愿服务等基本养老需求的服务供给;统筹利用好各部门、各行业的扶持政策,发展以社区为平台、政府为主导、政策为辅助、社会主体参与的社区居家养老服务工作新模式。第三是细化评估标准。加强养老服务质量标准制度化建设,建立健全服务项目、服务承诺、收费标准公示,以及安全、消防、卫生、财务、档案管理等规章制度和应急预案;完善简化办事流程和手续,鼓励社会力量通过"公建民营""民办公助"等形式参与城市社区居家养老服务中心运营管理。第四是强化对标上海。充分学习借鉴上海经验,加大协调指导督查力度,在养老服务中心运营、监管、评估上下功夫,分步推进实施,层层抓好落实,确保"林海模式"发挥更大功效,让广大老年人有更多获得感。规划至2020年,在其他大连市600多个城市社区以3:3:4的比例,拟建设城市型居家养老服务社区,强化社区居家养老服务的功能。在超过90%以上的乡、镇以及超过70%的农村社区加强养老服务基础设施建设,建立有较强养老服务功能的社区服务中心。

（四）制度局限

1.社区居家养老制度局限

1）医养结合方面发展不充分

医疗是养老过程中非常重要的环节。医养结合方面:医养结合是现代养老模式中最重要的部分之一。通常来说,医养结合是指医疗资源和养老资源的整合,是在养老过程中把两种资源利用最大化的模式。目前我国养老事业中医养结合主要存在四类问题。一是医养结合程度不够紧密,通过多年的建设,我国社区居家养老服务试点的建设已经在相当范围内推广,覆盖范围和覆盖率水平较高。然而服务试点的建设中缺乏与医疗资源的结合,很多居家养老模式建设的社区医疗服务功能缺失,医养结合水平低。二是医养结合发展水平的区域差异大。在经济发达的北京、上海、广州等地,社区居家养老的体系建设较为完备,医养结合的特征较为明显。而中西部经济发展水平较低的地区,社区居家养老模式建设起步较晚,各项服务能力水平相对较低,医养结合特征较弱。三是医养结合专业人才队伍建设程度不足。目前我国养老事业面临着全方位的人才短缺问题,养老服务护理人员缺乏系统的培训、考核机制,医养服务人员水平参差不齐。且普遍年龄较大,专业性较差,服务能力水平不足。四是医养结合与互联网结合程度不足。近年来,随着大数据、互联网+等互联网事业的迅速发展,医疗事业的互联网化也正在进行。然而,尽管政府已经尝试将互联网医疗等新型医养结合方式与社区居家养老模式的建设相结合,但受制于老年人的观念限制以及客观设施的缺乏,使得互联网化的医养结合很难推行。

2)养老相关法规建设不完善

有关养老问题的政策法规制定目前存在系统性和协调性不足,实际可操作性较低等问题。且根据内容来看,现行的养老政策法规以倡导性文件为主,不能彻底贯彻。同时,对各类养老重点关注问题上的法律规范制定相对缺失。有关养老事业发展建设的内容碎片化严重,大部分散落于地方规范性文件中,如养老服务的税费减免、专业养老服务护理人员培训考核等方面的政策法规相对不足。

3)养老服务的供需不平衡问题

一方面,目前社区居家养老模式的服务功能还有待进一步提高,难以完全满足老年人对养老服务的全部需求。如在精神养老、心理慰藉等非模式化的养老服务层面,目前的社区居家养老模式存在欠缺。受制于我国社区目前的服务能力,老年大学、社会化的老年文化活动在大多数地区建设水平依旧较低,社区居家养老的精神养老服务能力不足。另一方面,养老服务却存在供给大于求的问题。虽然养老服务的性质是公益和福利事业,但也具备着商品市场的特征,只有精准对接了老年群体的多样化养老服务需求,才能达到养老服务供需上的平衡。老年群体由于生活状况的不同,对社区居家养老模式中不同的服务项目也有不同的服务需求,需要通过相关的社会需求调查因地制宜地建设养老服务项目。而有些地区开展了很多养老服务项目,但由于存在供需上的差异,导致项目利用率偏低。

2. 林海模式的不足

林海模式是大连社区居家养老模式的特色模式,在同级别社区内水平较高,但仍有一些不足。

1)地区差异问题

根据国家统计局的数据,2020 年大连市 GDP 总量为 7 030 亿元,位列全国第 29,在黑吉辽东北三省排名最高,是东北经济水平最高的城市。而林海社区位于大连市经济发展水平最高的中山区,人均收入水平较高,消费能力强,能够负担得起收费养老项目的支出。而其他经济欠发达的地区,老年人收入水平偏低,难以负担相关家庭医生、旅游养老等成本较高的服务项目。同时,大连市也是东北人口密度最高的城市之一,相关志愿社团组织较多,能够参与到社区居家养老服务中去。而人口密度较低、志愿组织较少的地区,社区内的志愿服务也较难实现。受制于地域间经济发展和人口密度的差异,林海模式的很多养老服务普及难度较高。

2)建设规模不足

林海社区总占地面积 20 万平方米,总建筑面积 30 万平方米,社区面积很大,老年人数量很多。而社区内仅建设了一个养老服务驿站,虽然面积有 800 平方米,但除去老年食堂的面积和建设中的面积后,对比社区内老年人数量,实际服务面积依旧不足。老年人活动的书画室、医养室数量很少,实际服务能力较弱。且位置较为偏僻,对于社区内居住位置较远的老年人存在不便。食堂规模较小,存在着座位少、面积小的问题,无法同时容纳较多的老年人用餐,且无社区内的送餐服务,实际服务能力较弱。

二、时间银行互助养老制度创新的社会阈值扩散模式

(一)时间银行互助养老制度的发展

1. 时间银行互助养老模式的提出

时间银行基于互惠原则,有广义和狭义之分。广义上的时间银行指的是不同年龄段的志愿者通过志愿服务获取时间货币,通过时间货币换取等量的志愿服务。狭义上的时间银行指的是低龄老年人向高龄老年人提供服务赚取时间货币,通过时间银行将货币存储,在低龄老年人变成高龄老年人后通过时间货币换取等量的低龄老年人服务。

1980 年美国学者埃德加·卡恩面对美国经济危机时期控制货币供应量的增长提出了"时间美元"的概念。"时间货币"基于等价交换的原则,劳动者一小时的服务换取他人一小时的服务。1990 年为应对经济"滞胀"及其引发的社会矛盾与问题,他率先在美国提倡志愿者可以首先将参与公益服务的时间存入时间银行,当志愿者自己遇到困难时,就能从中提取"被服务时间"的活动。这种操作方式类似于银行储蓄,只是存取的不是钱而是

时间,故被称为"时间银行"模式。这种模式被广泛应用于社会服务领域,为当时的美国社会带来了一定的经济和社会效益。

后来,为了解决人口老龄化及与日俱增的养老服务需求间产生的社会矛盾,英、美、德、日等发达国家相继引入"时间银行"模式,并且均在养老服务领域取得了不错的效果。纵观各国具体模式的操作可发现,欧美国家时间银行的资源主要是用于医疗看护方面,其模式较为成熟且有稳定的资金支持,同时注重相关人员的技能培训,且人员准入标准设置较高。而日本时间银行模式则不同,它是在遵循"以物换物"(即等价交换)原则的基础上采取"多劳多得"原则。当志愿者服务的强度较大时,会给予更多的时数积分,既克服了原本等价交换的不公平性,又能调动志愿者承担任务较重的服务项目与内容的积极性,是对时间银行运作模式的一种创新。

20世纪末,时间银行模式传入我国,时间银行与志愿服务相结合,志愿者通过劳动获得时间货币,在时间银行进行保存。时间银行在我国的发展实践中与养老结合,逐渐演变成年轻人或者低龄老年人向高龄老年人进行服务获取时间货币,等到自身老年时再用时间货币换取等量的服务。

2. 时间银行互助养老制度梳理

时间银行传入我国之后,我国地方政府很早就重视时间银行并且制定相关的政策法规,2003年浙江省政府中央浙江省委员会发布的《浙江省城市社区建设指导纲要(2003—2010年)(试行)》指出时间银行是民间组织的公益服务之一,将时间银行与社区进行结合,旨在建立具有区域性的社区内部时间银行互助服务,同时对浙江省的时间银行进行规划,到2005年,要求50%以上的社区建立"公益服务时间银行";到2010年,80%以上的社区建立"公益服务时间银行"。2006年重庆市老龄委办公室等部门发布的《关于加快发展养老服务业意见》(已失效)中明确指出"时间银行"是重要的养老服务形式之一,支持社区继续兴办时间银行等服务项目;2010年民政部发布的《关于进一步推进志愿者注册工作的通知》加强培训和激励机制建设,向更多的地区推广时间银行志愿服务。在政策中,时间银行已经与志愿服务相结合,加强激励机制建设已经反映出正在探索如何运用时间货币,时间银行内涵已经具备;2016年民政部、中央组织部、中央综治办等印发《城乡社区服务体系建设规划(2016—2020年)》,要求将时间银行等志愿回馈制度应用到城乡社区,时间银行在城市养老中发挥巨大的作用,同时也可以应用到乡村进行互助养老,时间银行政策已经趋于完善;2019年2月,国家发改委会同民政部、卫生健康委发布的《城企联动普惠养老专项行动实施方案(试行)》提到时间银行服务中志愿者提供的部分服务不规范、不达标、不满意,要加强志愿者的培训工作;2019 年 4 月国务院办公厅发布《关于推进养老服务发展的意见》指出要加快建设志愿者服务记录制度,切实保障时间银行志愿者的合法权益;2019 年 8 月南京市印发《南京市养老服务时间银行实施方案(试行)》,这是首个详细描述时间银行实施总体要求、重点任务、实施步骤、保障措施的地方性政策法规,明确了时间银行的性质、内容、服务标准、监督体系,对我国时间银行的发展具有重要作用。

（二）时间银行南京模式现状

南京是全国最早进入人口老龄化的城市之一,目前 60 岁以上老年人已达 147 万人,占户籍人口的 21%;65 岁以上老年人 100 万人,占户籍人口的 15%;南京市老年人口数量正以每年 4%～5% 的速度递增。2019 年 8 月南京市印发《南京市养老服务时间银行实施方案(试行)》,建立了"政府主导、通存通兑、权威统一"的时间银行模式,在南京市建立时间银行管理中心,在各区创建区级时间银行,在街道建立时间银行网点,是全国首例。

时间银行志愿者是由团体志愿者和个人志愿者共同组成的团队,个人志愿者的标准为年满 18 周岁,身体健康,遵守社会道德与秩序,具有无私奉献精神,无违法记录与不良嗜好。提高团体志愿者的参与积极性。时间银行将重点空巢独居老人作为主要的服务对象。重点空巢独居老年人是指年龄达到 80 周岁以上的空巢独居老年人,或年龄在 60～79 周岁的低保家庭失能半失能的空巢独居老年人。首批试点,全市共 12 个区、24 个街道、247 个社区参加。其中南京时间银行的试点中,有三个典型模式。一是建邺区桃园居社区"福惠时间银行"的社会组织互助模式。该组织由志愿社运营,属于团体志愿者组织,通过为老服务队参与时间银行养老服务。二是鼓楼区"时间银行"的区级模式。该模式设立区级"时间银行"管理中心,在各街道设立分行,将驻区单位、居家养老服务中心、养老机构等都纳入网点范围,目前区内已建成 3 家支行、23 个网点。三是栖霞区"姚坊门时间银行"的街道模式。该模式引入商业银行运行机制,为每一个注册的志愿者发放一张银行卡,志愿者可以通过银行卡实现时间的存取、兑换、转移、支付。据民政部门统计,目前"时间银行"养老服务模式在南京市已经达到了较为全面的覆盖,覆盖率超过 60%,超过 440 个养老组织参与其中,参与养老服务的志愿者已 2.6 万名,直接服务于南京市的 26.6 万名老人。

（三）南京模式创新特色

1.完善的运行模式

政府主导的自上而下"市—区"级时间银行管理体系。以南京市为主导建立时间银行管理服务中心对下辖所有区的区级时间银行进行管理,设立区级时间银行管理中心将该区所有社区纳入网点,从而实现对南京市时间银行一体化管理。南京模式区别于传统的时间银行模式,即先由社区和地区建立自己的时间银行,当时间银行发展到一定的规模引起重视或者出现问题亟待解决时,由更高一级的政府建立相应的管理中心,自下而上地倒逼政府改革。因此,南京模式不会出现服务标准体系难以平衡、信息孤岛、时间货币价值难以衡量、服务定价差距过大等一些基础性问题。高效运行的管理体系有利于时间银行标准化、体系化建设,为南京时间银行的发展提供了保障。

成立时间银行基金。基金可以保障时间银行正常地长效运转,南京市设立的时间银行基金主要来自社会福彩以及社会各界的自愿捐助,专项基金的设立解决了时间银行运行时产生的问题。一方面,时间银行基金的成立解决了时间银行运行产生的设备、办公资源、人力资源等费用,时间银行能够将更多的精力投入到养老服务中,化解银行运行风险,又能发挥时间银行基金组织的监督作用;另一方面,时间银行专项基金可以为无法进行劳动的老年人提供发放时间服务补贴,以基金购买和社会捐赠的形式直接将服务时间发放给需要的老年人,同时对由于个人原因无法在本市进行志愿服务和养老的志愿者按照相关规定提供志愿服务时长相应的经济补贴。

完善的时间管理与发放机制。时间银行账户分为个人账户和团体账户。个人账户是以本人身份证号开设的时间账户,账户的时间收益来自政府直接赠予或者为存有时间的老人进行服务所得,每个老人的时间账户限定为 1 500 小时,超过的时间可以用于社会赠予和嘉奖,不能用于兑换现金补助。团体账户所获得时间归团体所有,主要是用于捐赠和社会褒奖。社会褒奖指的是获得"中国好人""南京十大好人"等称号之后,由政府进行统一的赠予服务时长,由政府赠予的时长是无法进行捐赠和转赠的。市时间银行控制发行总量,以小时为单位,建设初期通过时间货币赤字的方式,确定时间货币发行量,推动时间货币流通,防止出现时长发行过多或过少无法满足老年人服务需要的局面,建立合理的收支增长体系,保障时间货币均衡发展。

开设时间银行服务点。在街道、社区开办时间银行服务点,在时间银行运行中起到纽带作用,发挥服务点的宣传、引导、沟通等作用。首先,发挥服务点的宣传作用,在街道、小区大门前,对时间银行进行宣传,向社区居民介绍时间银行。通过社区工作者上门访问等方式告知老年人时间银行服务,对高龄老年人进行登记,方便政府赠送时长,同时鼓励子女多参与志愿服务积累时长,转赠给自家老年人使用。其次,帮助老年人注册成为服务对象,组织志愿者教老年人如何操作使用时间银行,如何在时间银行上及时发布自己的服务需求,鼓励成年人加入志愿者团队。最后,要做好志愿者与老年人对接工作。积极与老年人进行沟通,了解老年人的需求,同时对特殊老年人进行记录,当志愿者接触到特殊老年人时,服务点及时告知志愿者,防止造成老年人身体或者心理上伤害。在老年人与志愿者发生冲突时,时间银行服务点工作人员要及时联系社区人员调解矛盾。

2.高效运行的信息管理系统

建立统一化管理的信息平台是南京模式的主要投入点之一,有利于实现对志愿者和服务需求者信息进行统一管理,有利于构建养老需求发布、志愿服务、服务评价等运行体系,有利于加快实现养老信息互通、信息共享,方便使用者对养老时长的获取和使用进行查询,方便养老时长兑换与转赠。

南京模式提供了操作便利的时间银行平台,使用者通过"我的南京"应用身份证实名制注册账号后,在公益栏目选择时间银行,可以选择申请成为志愿者和申请成为服务对象,使用者通过面部识别和填写身份证信息的形式注册,经过人工审核之后通过学习和考核,达标之后才能进行接单;领取订单和发布订单在主页,点击进去根据使用者的定位优先显示最近的订单情况,订单界面显示服务内容、预约服务时间、服务对象姓名与小区,在未接单之前服务对象的详细地址是加密的;在服务结束之后志愿者与服务对象进行双向评价,在接单之前志愿者可以看到其他志愿者对服务对象的评价来选择是否接单,匹配的供需对接项目有利于老年人的人身安全以及养老服务的顺利进行;在个人界面,可以清楚地看到储蓄时间、支出时间、捐赠时间。

构建发展模型,对信息进行开发和对接。一方面,使用统一的信息管理平台,有利于对南京市的时间银行进行整体把握,通过南京市以及各区之间的时间银行信息进行计算,构建南京市时间银行发展模型,对未来南京市时间银行发展所需要的资源进行预测,政府提前准备资源,提供发展方案和规划,规避时间银行运行风险。另一方面,有利于实现信息互通和信息共享,政府对大量的信息进行开发,发掘信息的价值,整合养老服务需求,针对老年人的需求制定相关的政策,集中解决养老难题。南京市以时间银行信息管理平台为中心,积极地与全国公安系统进行密切合作,对注册时间银行的用户进行公安系统认证,认证通过后才能成功注册,下一步南京市打算将时间银行与个人社会保障卡进行信息对接,将时间银行储蓄与个人社保账户进行绑定,确保在安全、守信的环境下进行志愿工作。南京市为各区的养老信息对接提供了端口,实现了统一化细致化的管理程序,同时,南京市已经做到与全国各省、市志愿服务信息系统数据进行对接,为实现全国时间银行发展献策献力。

3. 标准化的养老服务体系

南京市制定全市统一的时间银行运行体制标准,将时间银行进行政策化管理,实现全社会互助共享、合作规划、以公益性奉献精神丰富现代化养老服务体系。以时间银行与社会志愿者为两大主要要素,规范养老服务体系的实行标准。全市的时间银行都是按照统一的制度规范和服务标准运行的,杜绝了时间银行在运行中出现权责关系不清、互相推诿等现象的发生,有利于建立统一的考评体系对时间银行进行管理,统一的服务标准让老年人更加放心在本社区进行养老服务。为了解决时间银行时长的使用问题,南京市时间银行规定了统一的标准,在有限的时间内老年人相继完成存储、兑换、转移、发放规则,志愿者管理好个人账户以及个人信息注销。规定了时间银行总行的功能,总行管理各区分行,分行管理各区网点,使用者通过 App 应用可以直接对个人时间储蓄进行操作,可以将个人时间储蓄送给家人或者捐赠总行,同时规定了最高可存时长,多余时间捐给总行,防止出现个别分子时长市场化运作导致整个时间银行参与者失去互惠互助、志愿服务的公益精神。

规定志愿者注册、学习、审核、注销个人信息等相关程序的标准,采用实名认证以及人工审核的方式对每一个注册的用户进行审核,在时间银行服务平台上提供资料学习和考核,只有考核通过才能接单服务,同时联系志愿者团体对志愿者进行线下培训,增强志愿者的服务水平。志愿者由于个人原因需要离开南京退出时间银行时,可以将自己的时长转赠给他人,或者非全日制小时工工资标准×10%一次性补助给志愿者。

(四)南京模式的社会阈值扩散

从政府角度来看时间银行的扩散主要体现在:时间银行作为一种新型的养老方式具有互惠互利的特点,与传统的政府购买服务以及志愿者单方面付出不同,时间银行具有激励的特质,能够让更多的人参与进来;时间银行管理平台与智慧养老不谋而合,这两者很容易结合起来,时间银行与社区居家养老也比较契合,顺应了养老发展趋势。时间银行在我国的传播中分为三个阶段:第一个阶段是时间银行尝试阶段,1999 年广东寿星大厦首先进行了试验,随后的五年间,北京、上海、江苏等城市进行了时间银行的试验,此时政府在探索时间银行,时间银行比较少;第二个阶段是时间银行发展阶段,人们发现从少量的试点中发现时间银行对养老有巨大的价值,我国政府将时间银行作为一种养老方式纳入政策中,更多县市政府鼓励当地进行时间银行尝试,建立本地区的时间银行,时间银行已经初具规模;第三个阶段是时间银行井喷式发展阶段,在第二阶段时间银行已经初具规模,政府发掘出时间银行的优势,开始制定时间养老政策支持时间银行发展,此时各省的绝大多数城市都开始学习和推行时间银行模式,时间银行的数量激增。

（五）时间银行互助养老制度存在的不足

1. 时间银行互助养老制度存在的不足

时间银行志愿者审核程序尚未完善,时间银行的发展安全问题不容忽视。"互助模式"下,老年人提出需求,相应岗位的志愿者上门提供服务,难免会出现一对一服务的现象,因此老年人的个人安全问题是根本关注点。目前时间银行对参与服务的志愿者并没有严格的资质审核程序。随着互联网技术的普及,当下志愿者主要是通过计算机和手机 App 进行志愿者注册,志愿者进行注册登录时虽然需要提供身份证号码和手机号码,但对志愿者提供的信息银行后台并未进行严格的审查、核实环节,此环节的缺失容易导致志愿者信息作假。同时,时间银行是在社区居家养老模式发育完善的情况下建立的,志愿者在线下参与志愿服务时,社区应该对志愿者进行线下的再次审核确认,但由于社区工作职能广、任务 重、人手少以及志愿者审核过程复杂,无法派出专人对志愿者进行严格审核。缺少严格的志愿者审核程序,这对老年人来说将会是一个巨大的安全隐患,也不利于时间银行的推行。

时间银行货币无法在全国范围内进行通存通兑。目前全国多个城市都在积极推行"时间银行"互助养老服务模式。受地域的局限性制约,以及各地规定各不相同,全国范围内尚未实现互联互通,更缺乏通存通兑机制、转让机制和补偿机制。在我国人员流动性大,同时老年人随子女搬迁移居其他城市的现象十分普遍,同时"候鸟式"老年人群体也在不断增加,时间货币无法在其他城市兑换、时间货币无法转赠他人、移居城市无时间银行如何补偿等问题凸显,时间银行无法通存通兑的矛盾尖锐。如果时间货币通存通兑仍处于落后现状的话,时间货币无法自由流通、积分共兑,将会导致流失一很大部分有意愿参与时间银行互助养老的老年人志愿者,制约时间银行的可持续发展。

时间银行的公信力不够的问题,会削减人们参与时间银行志愿服务的积极性。在时间银行运行过程中,从提供服务到获得回报的时间周期有时比较漫长,时间银行养老服务其信用属性决定必须用一套有公信力的解决方案作为支撑,并且由具有公信力强的社会组织来承办。目前一些由社区负责运营的时间银行是不可靠的,社区并不具备运营、管理时间银行的能力,也无信任保障,由于社区居委会变更、居民变动、记录信息丢失等原因,经常出现时间银行中途停止、原来承诺无法兑现,产生时间银行坏账无法支取的情况,影响时间银行志愿服务参与者的积极性、涣散人心,更是严重损害志愿者的对于时间银行的信任度,导致后续参与者不足前期储蓄无法兑现的恶性循环。

2. "南京模式"存在的不足

南京市老年人口与时间银行志愿服务人数的比例失衡问题堪忧,志愿者的人数关乎着时间银行的可持续发展,不容忽视。南京市是全国最早进入人口老龄化的城市之一。2020 年末,南京市 60 周岁以上户籍老年人已达 176.78 万,并且老年人口的数量以每年 5% 的速度递增,但是南京市专职的居家养老服务人员不足 3 000 人,养老服务人员缺口巨大,老年人的养老需求难以满足。从 2012 年南京市提出建设时间银行至 2020 年 2 月底,南京市已经有 877 家服务点成为时间银行的运营服务点,全市累计审核通过 7 746 名时间银行志愿者注册,待审核时间银行志愿者 3 964 名,虽然近年来不断有人加入时间银行志愿者队伍中,但是志愿者人数与南京市全市需要互助养老服务的老年人数依旧不成比例,甚至比例悬殊。时间银行功能的更好发挥依赖于参与的志愿者和老年人的人数规模,如果南京市老年人口与时间银行志愿服务人数的比例失衡问题得不到解决,无法激励人们参与志愿服务的热情,这将会导致时间银行的功效难以充分发挥。如何通过多样化的激励机制和政策宣传吸引、引导更多的人参与到时间银行的志愿服务队伍中,以缓解老年人口与时间银行志愿服务人数比例失衡的问题以及养老护理人员严重不足的困境,这是南京市时间银行目前亟待解决的难题之一。

南京市时间银行的志愿服务换算比例存在问题,易导致"劣币驱逐良币"的现象。目前南京市关于志愿服务兑换的规定是:"志愿服务 70%时间存款可以兑换相应的志愿服务时间,20%可以兑换生活物品、10%可以兑换现金补助。"然而关于志愿服务的换算并未做具体规定。志愿服务换算比例问题关乎时间银行的公平性以及可持续发展性。从理性经济人角度出发,相同时间内劳动强度与劳动技术含量越高所获得的劳动价值应越多,如果单纯地以时间长度作为衡量志愿服务的标准是有失公平的,极易造成志愿者在选志愿服务时挑肥拣瘦,更倾向于从事简单、轻松的志愿服务,挫伤选择技术含量高、劳动强度大服务的志愿者的积极性。如此下去,技术含量高、体力消耗大的养老服务工作类型便没有志愿者愿意参与,因此老年人日常必需的服务无法得到全面满足,同时简单、轻松易赚志愿服务时长的志愿服务爆满,优质的服务渐渐消失,实际价值低的服务充斥市场,造成时间银行供需失衡无法维持的情况。如果时间银行的志愿服务换算比例的问题不能及时解决会极大地削减南京市时间银行互助服务的意义。

三、代际学习中心养老制度创新的社会学习扩散模式

(一)代际学习中心制度的发展

1. 代际学习中心模式的提出

代际学习中心养老模式是将养老院和幼儿园结合在一起,实现老年人和幼童相互安慰和学习,代际学习中心作为连接养老院和幼儿园的中介场所,这种模式将老年人和幼童在互动的时间召集在一起,实现老年人和幼童间的良性互动,以满足老年人和幼童两个群体的不同需求。目前代际学习中心主要有两种模式,分别是:定期随访型和紧邻而居型,前者是相邻养老院和幼儿园进行合作,定期进行访问交流活动;后者将养老院和幼儿园建在一起或者距离较近,即使建在一起也会通过物理分离来实现动静分离。

从现有的相关研究看,代际学习项目起初是作为人力资源服务机构的重要手段,萌芽于20世纪60年代的美国代际项目,如1963年的"照料祖父母项目"、1969年的"退休老年志愿者项目",主要目的在于提升老年群体的社会参与感,减少家庭碎片化趋势以及代际鸿沟等现象,但这一时期代际学习项目尚未形成正式的结构框架。后续基于和谐的代际关系的出现以及对家庭中父母、儿童、祖父母三者需求的满足,在20世纪80年代美国遵循代际融合理念和代际学习理论,率先提出了将养老院同幼儿园相结合的"老幼结合"养老模式。如1990年西雅图圣文森特养老院就将养老院和幼儿园建在一起,组成了一个跨代交流学习的中心,即"代际学习中心"(ILC),中心每个星期都会向孩子们进行开放,而对于孩子们来说,他们可以自由选择全日制、半日制或每周两三天的方式进行参观或者同老人们一起参加唱歌、跳舞、画画、讲故事等形式多样的活动。如此一来,能让老年人重新发现自我价值,获取乐趣和欢笑,也能让孩子比之前更能接受残障老人,意识到人的衰老过程。此外,还有一种"代际沟通"模式,如1992年

德国提出了"在居住中提供帮助"计划,会给大学生在养老院或是孤寡长者家中提供一间比较廉价的住房。作为回报,大学生需要帮助老年人购物、做家务且提供力所能及的照顾。德国这种养老模式在其周边国家也很流行,荷兰一家名为 Humanitas Home 的养老院,就将院中多余的房间,免费租给当地的大学生,而这些大学生们的"房租"就是每个月付出他们的时间去陪伴养老院中孤独的老人们,如陪老人们一起出去散步、教他们用电脑或学习新的艺术。代际学习中心模式治愈了老年人的孤独感,有效地利用老年人丰富的知识和经验,促进老年人积极老龄化的同时,还可以增加对年轻一代教育多元化的附加价值,变得越来越受欢迎,全美已经有超过600 个养老院+幼儿园联办场所,在爱尔兰、德国、荷兰等西欧国家,日本、新加坡等亚洲国家均有该模式的出现。

随着我国老年人口数量的急剧加大,人们居住环境发生了改变,独居老年人在总人口中所占比例一直呈上升趋势。独居老年人这个特殊群体的生活质量不得不引起社会的关注。他们的生活质量的优劣不仅受健康状况、经济状况的影响,也受到精神状况的影响。老年群体拥有丰富的生活智慧和经验,若能较好地加以利用,将是社会宝贵财富,"老吾老,以及人之老;幼吾幼,以及人之幼",中国有着几千年的传统美德,而代际学习中心的出现是一个让老年人群体再次融入社会的良好契机。

2. 国内代际学习中心制度的梳理

2011 年,《国务院关于印发中国老龄事业发展"十二五"规划的通知》发展目标中就明确提出要"增加老年文化、教育和体育健身活动设施,进一步扩大各级各类老年大学(学校)办学规模",并首次提及"代际"一词,即"引导开发老年宜居住宅和代际亲情住宅,鼓励家庭成员与老年人共同生活或就近居住。"

国务院办公厅于 2016 年印发的《老年教育发展规划(2016—2020年)》提到,要促进各级各类学校开展老年教育,支持他们进行便利化学习,并积极接收有学习需求的老年人入校学习。2017 年提出的《"十三五"国家老龄事业发展和养老体系建设规划》亦明确要求:"探索'养、医、体、文'等场所与老年人学习场所的结合"与"发挥老年人优良品行传帮带作用,支持老党员、老军人、老劳模、老干部开展关心下一代活动"。国家鼓励各级各类学校开展老年学习及教育,"代际沟通"及代际学习中心这一新兴模式和机制开始推行。当然,中国本土化的代际学习模式并不仅仅局限于代际学习中心这种幼儿园与养老院合作的模式,参与对象也不仅仅限于机构中的老年人以及幼儿园的小朋友,它可以根据代际参与者、代际开展的场所等方面进行进一步的搭配研究,如2017年上海普陀区养老机构以志愿服务抵扣房租的形式来吸引更多年轻志愿者来入住的老少融合养老模式;张家港市金港镇占文村"老少同乐"代际学习项目是一种老年人和小学生在社区进行互动的模式。

2020年12月,《住房和城乡建设部等部门关于推动物业服务企业发展居家社区养老服务的意见》中提到"共同健全社区动员和参与机制,开展社区居民结对帮扶老年人志愿服务活动,以及敬老助老孝老主题教育和代际沟通活动,加强对老年人的精神关爱服务,为老年人参与社区生活搭建平台"。通过国外已有的成功案例可以发现,老幼结合养老模式主要分为3种类型:教育学习型(美国)、互助发展型(德国)、社区服务型(日本)。随着时代的变迁、家庭结构的改变,当前中国社会的代际分离现象日趋严重,除此之外,社区养老和机构养老正在逐渐成为中国主要的养老方式,可以通过借鉴国外的成功经验,构建具备中国特色的、本土化的、老幼结合的代际学习养老服务模式,发展多层次多样化的代际学习方法(如一对一交谈指导、面对面群体代际学习、一对多讲座或活动以及帮助老年人线上学习等),有效地消除代际冲突,促进代际融合,增进老年人的幸福感,弘扬我国尊老爱幼、多代和睦共处的传统中华美德。

(二)杭州"代际学习中心"模式现状

在杭州滨江区,一个名叫"陪伴是最长情告白"的项目,让原本几乎是平行的两代人的生活轨迹"相交",年轻人可以用志愿服务抵扣房租入住养老公寓,养老院住进了年轻人,老人有了"小伙伴",这既可以使老年人获得相应的陪伴、服务,也可以使年轻人获得相应的住宿优惠、志愿服务锻炼的机会。近年来由于许多年轻人到滨江区工作、居住,这些热情洋溢的年轻人刚到杭州就吸引了滨江区团委和民政部门的目光。于是滨江区的相关部门、阳光家园共同商议,"陪伴是最长情告白"项目进入试点时期,作为杭州市最大的公建民营的养老机构——阳光家园,融合医、养、康、护等服务为一体,共有床位2 000张,其中养老床位有800张,已有600多个床位被使用,而专门为志愿者提供了8个房间,志愿者的房间位置是在养老院的自理养老区。由附近的企业推荐参与试点的志愿者,经过相关部门的审核才能正式成为志愿者,才能入住养老机构、为老年人提供志愿服务,志愿服务的主要内容就是陪老年人看书、聊天、写字以及满足老年人个性化的要求,如使用智能手机等,每个月的陪伴服务时间要达到20个小时,才能以更优惠的价格入住养老院,这个项目自试点以来,获得了诸多好评。

从养老机构的空余床位中分出一定比例的床位,招募一定比例的年轻人,让他们分批次入住,这既能给老年人无聊的生活中增添一些色彩,也可以推进社会支持网络的构建。滨江区于 2018 年 5 月中旬开始公开招募志愿者,招募志愿者的流程包括:个人申报、相关单位筛选、面试等,滨江区团委也对志愿者进行了条件的限制,包括:单身青年、在本区内工作、签约时间满一年以及在区内没有住房等。优先录用由相关部门认定的优秀志愿者、有相关专业背景及爱好特长的申请人。在 2018 年 7 月,入选了在周边企业工作的 11 个年轻人,并于 7 月 9 日开始陆续进入阳光家园居住。阳光家园拥有现代化的公寓 10 幢,从正门的大草坪进入,路过两幢老人公寓、食堂,就是志愿者入住的公寓。志愿者房间的朝向都是朝南的,并且配备全套的设施,在志愿者的房间里有两张单人床、落地窗、大阳台、独立卫生间等。在阳光家园,虽然会看见许多社会志愿者的身影,但是老年人有更多的期待。园内的老年人有兴趣爱好的会组织老年人一起培养兴趣爱好,但是老年人兴趣爱好的水平是参差不齐的,因此缺少组织活动的指导人员,这种情况在阳光家园内的兴趣小组中普遍存在,稳定、持续的陪伴与互动是老人们普遍的志愿服务需求。

有些志愿者对自己将要开展的志愿服务已经有了清晰的规划,如有个志愿者在滨江开设了一个教授少儿书画的工作室,从毕业后就一直在从事书画方面的工作,由于工作室与阳光家园的距离较近,平日里也会有一些有书画兴趣的老年人来工作室参观交流,这也让他有了一个想法,就是通过公益的方式,推广传统的书画艺术。通过志愿者的录用流程之后,为了与老人更早地接触、了解老年人的兴趣爱好,他提前搬进了阳光家园。老年人听说来了一位年轻的书画老师,园内的绘画小组第一时间找了过来,并提出了一定的需求,面对老人们提出的需求,如是不是可以在每周固定书法小组活动中带他们进行练习、是不是可以对组内老年人进行有针对性的教学等。志愿者对老年人的需求进行了记录,以更好地满足老年人的要求,书画展览等活动也开始由志愿者组织起来。对于他们来说,老年人不仅仅在养老院居住,而且这还是一个具有共同爱好的老年人的集聚地。微信视频、素描、舞蹈这些对于养老院的老人来说都是新鲜事物,这些新鲜事物进入了老年人的养老生活,使老年人的生活呈现年轻态,而且年轻人的加入也成为老年人的情感寄托。

试点期的志愿服务以日常性的陪伴为主,但是新一期项目要突出志愿服务的特色,以满足老年人更深层的需求。和其他类型的社会志愿活动相比,"陪伴是最长情告白"项目的优势体现在与老年人的联系时间、方式上,这可以使志愿活动系统的、循序渐进的开展,这也是滨江区团委优先考虑招募医学、心理学等专业性特长的志愿者的原因。但是该项目的可持续性和可借鉴性还有待考察,相关负责人说,还要继续探索陪伴项目的新模式,同时也需要从多方面对该项目进行完善。在最近相关部门发布的公开招募信息中,就对志愿者的退出机制进行了完善。在承租期内,若志愿者由于一些原因,与企业解除了相应的劳动关系,或企业出现搬离滨江、破产等情况,可以允许志愿者取消入住资格并按规定退出。当然也要对志愿者进行相应的考核,考核的主要标准包括:志愿者服务时间是否达到要求、老年人对志愿服务评价满意度如何。滨江区相关工作人员介绍,"陪伴是最长情告白"项目将得到进一步推广,同时也会扩大该项目的服务范围,使该项目的服务对象不仅仅是养老机构内的老年人,还包括社区独居的老年人、孤寡老人。而对于新一期的青年志愿者来说,房租也会由原来每个月的五六百元下降到每个月三百元。

(三)杭州"代际学习中心"模式的特色

1. 养老服务内容创新化

相对于传统的养老模式,杭州"代际学习中心"的养老模式创新了养老服务内容,使养老机构的服务内容不止停留在对老年人日常生活的照料上以及精神上的简单关怀。杭州"代际学习中心"的养老模式推出由年轻志愿者进入养老机构,志愿者可以通过做志愿服务的方式来抵扣房租,志愿服务可以是养老机构推出的固定内容,如陪老年人聊天、打篮球、帮老年人和子女联系等,也可以是志愿者自己提出来的服务内容,如在杭州"代际学习中心"模式中有绘画兴趣的志愿者提出可以对园区内有绘画爱好的老年人进行专业的指导、培训。这样一方面使老年人的业余生活充实起来,另一方面也可以使老年人的爱好得到更加专业的指导,使老年人可以把爱好上升一个层次,成为老年人日常生活中重要的一部分。还有志愿者根据前一志愿者的服务内容提出可以帮助老年人举办书法、绘画的展览,老年人的书法、绘画爱好经过专业的指导与培训,可以使老年人获得心理上的获得感,在老年人枯燥的生活中增添一丝乐趣。

同时杭州"代际学习中心"模式也在对志愿服务的内容进行不断的创新,之前志愿者的服务内容更侧重于日常的陪伴,但新一期的项目会以突出志愿者服务的特色为主,来满足老年人个性化、更深层次的需求。因此杭州"代际学习中心"模式还推出志愿项目制,相对于其他社会志愿活动,志愿活动项目制的优势在时间、与老年人的联系方式上,以开展循序渐进的、系统的志愿服务活动,这也是优先考虑一些具有专业性特长的志愿者的原因之一。

2. 养老服务主体年轻化、多元化

传统的养老服务模式面临的主要问题是服务主体的单一化,这使得传统的养老方式很难满足老年人多样化的需求。而杭州的"代际学习中心"模式在保留原有服务主体的基础上,开始招募志愿者,并且招募的志愿者都是年轻群体,本来两代人在生活方式、兴趣爱好等方面都是不同的,二者也不会有相交的生活轨迹,但杭州的"代际学习中心"模式提供了一个机会,让两代人可以相互了解,增加彼此的信任。年轻群体是青春、活力的象征,但同时年轻群体也面临生活、工作、社会的压力,他们也会面临着生活中各种各样的问题,让年轻群体加入养老服务中也是充分考虑到了这些因素:一方面通过与老年人的交流可以缓解年轻人的各方面压力,同时也可以力所能及地为老年人提供帮助,增加他们对生活的期待和社会责任感;另一方面年轻群体的陪伴可以活跃老年人的业余生活、使老年人获得归属感等,老年人在和年轻人交流的过程中也会接触到更多的新鲜事物,如短视频、微博、书画艺术等一些新鲜事物也开始进入老年人的生活,而他们也把一部分情感寄托在这些年轻人身上,这既弥补了老年人生活中的遗憾,又让老年人根据自己的生活经验对年轻人提出一定的建议,增加老年人的获得感。杭州"代际学习中心"模式养老服务主体的年轻化、多元化使该模式取得了阶段性的成功,但是因为该模式还处在探索阶段,还在不断地完善,如在最近的志愿者招募中就提到了人才退出机制,对于与企业解除劳动关系的志愿者或者企业迁出该地的志愿者可以取消租赁资格,而且把志愿者的服务时间、老年人的满意度等都纳入考核评价体系,考核评价的结果将会影响志愿者租金支付情况。

3. 养老服务方式多样化

养老服务方式的选择会影响养老服务的质量以及老年人多样化需求能否得到有效满足,杭州"代际学习中心"模式创新了养老服务的方式,从推出之后就受到了广泛好评。传统的养老模式主要由固定的工作人员来满足老年人的需求,但也都是一些基本的日常照料,传统的养老方式虽然已经开始重视老年人的精神需求,但在实际的过程中仍有许多力不从心的地方。而杭州"代际学习中心"的养老服务模式打破了传统只由工作人员来提供养老服务的方式,借助招募志愿者的方式来满足老年人多样化的需求,志愿者的加入为养老服务业的发展提供了动力,特别是年轻志愿者的加入,志愿者最主要的任务就是陪伴,这也是老年人最需要的。在试点时期,志愿者需要在自己业余的时间陪老年人看书、聊天、教有需求的老年人使用智能设备等,志愿者每个月需要完成固定的陪伴时间。在该模式中,志愿者是该养老服务开展的主体,在充分调动各方资源的基础上,让年轻人的主动性充分地发挥出来。

4.杭州代际学习中心模式的社会学习扩散

日常生活中,老年人和年轻人有着完全不同的生活经历、节奏以及方式。他们对待事情的看法也不完全相同。在现代社会中老年人面临的主要问题包括:无助、孤独等,工作和生活的压力也是现在的年轻人必须承担的,选择不同的环境也会面临不同的压力,两代人面临的是不同的问题,但是可以通过二者的互动来相互缓解。对于已经入住的志愿者来说,该模式的推广有利于缓解他们的生活、工作压力,而且入住的环境也得到了不同程度的改善,这次经历对于他们来说也是一种锻炼,让他们提前熟悉怎么照顾父母以及怎么和父母相处,也可以增加他们的社会责任感;对于老年人来说,该模式的推广使更多的年轻志愿者加入,弥补了他们晚年缺少陪伴的遗憾,使老年人的晚年生活更有意义;对于养老机构来说,该模式的推广有利于提高养老院床位的利用率、养老服务的质量以及养老院的入住率;对于政府来说,该模式的推广可以有效缓解当前我国人口老龄化的现状,同时有利于完善我国的养老服务体系,同时这种模式的推广不能仅仅局限在养老机构内,社区居家养老的老年人也应该被涵盖其中。

（四）代际学习中心养老制度存在的不足

1.代际学习中心养老制度本身的不足

在代际学习中心制度发展的过程中面临的主要问题包括以下几方面:

1)安全问题

代际学习中心将幼儿园与养老院结合在一起,虽然做了物理隔离,但是在日常的生活中儿童和老年人需要有一定的接触,而儿童的心智还没有成熟,喜欢玩闹的性格特征使其在日常的生活中很可能会冲撞到老年人,而老年人的身体状况又比较脆弱,对于这种外在风险的承受能力也比较低。同时儿童的免疫力相对成年人也比较低,容易受到疾病的影响,因此在推广代际学习中心模式的时候要注重对安全问题的关注,使老年人和儿童都处在一个相对安全的环境中至关重要。

2)运营管理问题

在此模式下,幼儿园的招生是一个难题。代际学习中心模式在国外发展的时间比较长,也具有一定的发展规模,但是在中国还是一个新生事物,并且国内外的思想观念存在一定差异,家长更愿意让儿童从小就接受正规的教育,家长对此种模式幼儿园的接受程度有限,造成家长不愿意把孩子送到这类幼儿园来。而且养老院、幼儿园在经营上本来就存在一定的难度,代际学习中心模式将二者结合到一起,也就加大了经营的难度,对老年人和儿童日常的照顾都需要特别的细心,这对代际学习中心中工作人员的要求比较高,而且在日常的生活中要求管理者不仅要懂得经营的理念,还要具有一定的社会责任感,这样才会使代际学习中心模式在正常的轨道上运转。

3)资金问题

养老院本就是一个微利的行业,资金的问题是所有养老院面临的一个共同难题,而代际学习中心不仅包括养老院,还包括幼儿园,同时前期幼儿园的招生也面临着困难,这使得代际学习中心的推广有了更大的困难。

2.杭州"代际学习中心"模式的不足

1)易引发两代人相处上的矛盾

杭州的"代际学习中心"模式使原本没有交集的两代人生活在一起,在看到该模式弥补了两代人的遗憾的同时,也要注意到两代人在作息时间、生活方式、对待事物的看法等方面都有极大的不同,因此在日常的生活中很容易触发两代人的矛盾。在试点时期由于志愿者的数量有限,同时志愿者也都经过了严格的程序挑选,故造成这种矛盾还不是很明显。但是随着这种模式的推广,志愿者的数量会不断增多,这也加大了监管的难度,而且随着该模式的推广,老年人不仅仅要求日常上的陪伴、聊天,还会有更深层次的个性化需求,这对志愿者提出了更多的要求,更容易引发两代人的矛盾。同时年轻志愿者日常还需要工作,在面对生活、工作的巨大压力时,可能会让他们在与老年人相处的过程中带着情绪,在与老年人的相处过程中很容易引发这种情绪而激起矛盾。

2)相关的制度保障不完善

制度的不完善,造成相关监管体系的不健全。杭州"代际学习中心"模式还处在试点阶段,因此相关的制度还不是很完善,一是相关法律法规的缺失,使该模式在中国的发展缺乏应有的保障,在试点时期由于规模的小型化、志愿者数量也有限,因此这种问题还在可控的范围之内,但随着该模式的不断推广,就要增加志愿者的数量,扩大试点的规模,随之而来的各种问题就需要法律法规来进行保障以促进该模式的推广。二是相关财政保障政策的缺乏,杭州"代际学习中心"模式的推广,不仅局限在养老机构而且还包括社区独居老人、空巢老人孤独问题的解决,因此要对该模式进行推广,还需要政府加大财政补贴力度,以吸引更多的志愿者参与到该模式中。三是相关宣传的不到位,杭州"代际学习中心"模式在中国还是一种新鲜事物,更多的人对该模式还不是很了解,对该模式的推广形成了很大的阻碍。

第四节　中国养老制度创新的选择机制

一、养老制度创新的影响因素分析

1.调查对象

本研究调查对象为大连市白山路、华乐、葵英、胜利、绿波、安家村、艾家屯等街道负责人及工作人员；天兴、春和、得胜、西林等社区书记或居委会主任、社区内养老机构相关负责人。共发放问卷 610 份，最终回收有效问卷 550 份，问卷有效率为 90.16%。

2.探索性因素分析

养老制度创新受多方因素影响，由于在实际操作中，主观性的选择权重带来的是主观性的结果，因此为保障分析结果客观有效，采用了 SPSS 统计软件及 Lisrel 软件中因子分析方法的探索性因素分析、验证性因素分析以及信度分析等对量表的构建效度、准确性、简洁性以及稳定性和一致性进行检验。

1）KMO 测度和 Bartlett 球形检验结果

根据统计数据显示，KMO 值 0.823>0.6 且 KMO>0.8，因此呈现的性质为良好的标准，表示变量间具有共同因素存在，变量适合进行因素分析。并且 Bartlett 的球形检验中近似卡方为 1735.064，自由度（DF）为 105，Sig值为 0.000<0.05，因此总体的相关矩阵间有共同因素存在，适合进行因素分析（见表 5-1）。

表 5-1　KMO 测度和 Bartlett 球体检验结果

取样足够度的 KMO 适度量		0.823
Bartlett 的球形度检验	近似卡方	1735.064
自由度（DF）		105
单侧显著水平（Sig）		0.000

2）解释的总方差

三个主成分旋转前后信息提取量是相等的，共为 66.396%，在抽取的因素数目等于变量的题项数时累加的变异百分比等于 100%，三个主成分中，第一个主因子旋转前提取信息量 34.829%，旋转后提取信息量为

19.017%,第二个主因子旋转前信息提取量为14.789,旋转后提取量为18.756%,从第二个主因子开始旋转后的信息提取量高出旋转前。

3)旋转成分矩阵

从旋转成分矩阵发现因素一包含 B7、B8、B9、B10、B11、B12 六题,因素二包含 B1、B2、B3、B4、B5、B6 六题,因素三包含 B13、B14、B15、B16、B17、B18 六题,根据各题项变量体征,因素一的构念命名为文化因素,因素二构念命名为市场因素,因素三构念命名为政治因素(见表5-2)。

表 5-2　旋转成分矩阵

	成分		
	1	2	3
B7	0.844		
B10	0.838		
B11	0.768		
B12	0.741		
B9	0.720		
B8	0.701		
B4		0.800	
B2		0.781	
B3		0.719	
B5		0.662	
B1		0.542	
B6		0.512	
B16			0.856
B17			0.830
B13			0.796
B14			0.791
B15			0.731
B13			0.689

二、养老制度创新的选择机制

(一)市场选择因素对养老制度创新的影响

市场选择因素对于我国养老制度原则的影响是显而易见的,本研究主要从养老的需求及供给层面进行分析。

1. 需求层面

从老年人的需求层面来看,尽管目前我国关于社会养老问题的调查研究很多,提出了一系列的对策建议,相关部门也出台了一系列政策措施,而且这些研究和政策措施取得了较大成绩,在一定程度上缓解了社会养老压力,但是这些建议和对策面临的共同困境是过多地注重社会养老制度设计的社会条件及经济条件,相对忽略了老年人群体也就是作为制度对象的自身要求,特别一些制度没有把老年人群体的自身需求作为整个社会养老制度设计的重要参数,导致难以建立起既能适应社会经济发展条件又能满足老龄群体基本需要的、科学合理的社会养老制度。

本次问卷调查结果显示,老年人的需求是推动我国养老服务事业稳步发展的动力,当前老年人的需求不仅局限于家庭养老,养老需求的多样性和层次性影响着中国社会养老制度的选择。因此,应该在养老制度创新时,把满足基本老年人的多样化、层次性的需求作为最重要的客观依据。

老年人多样化的需求主要表现在以下几个方面:生活类需求、医疗类需求、精神类需求。

生活类需求是指老年人在日常生活中所需要的日常照料与关怀,如帮助老人打扫卫生,帮助老人做饭洗衣等日常生活照料,随着年龄的增长,老年人的健康状况与体力都逐渐下降,特别是高龄老人与失能老人,在自己独居的时候很容易遇到生活上无法解决的困难,此时就须获得大量的外力来帮助自己管理日常生活。

医疗类需求,当前世界的人均寿命都在提高,但是慢性病的存在为我国当前的老龄化社会带来了威胁,目前,我国人均预期寿命已达 77 岁,这反映了我国主要健康指标总体已优于中高收入国家平均水平。根据国家卫生健康委员会提供的数据显示,截至 2019 年 7 月,我国超过 1.8 亿老年人患有慢性病,患有一种及以上慢性病的比例高达 75%。慢性病的出现使得老年人的健康状况出现了不稳定的发展。可以说,随着年龄的增长,老年人身体各项机能逐渐衰退,慢性病也多发于老年人群体中,为了老年人晚年生活的舒适与健康,因此对目前社会上的医疗机构提出了更高的要求。由社区来提供医疗保健方面服务是最方便快捷的,因为社区通常地处居民住所或附近,所以提供医养服务最为方便并且普及度高,而且在实际调研中我们也发现,目前部分社区已经设立有全面的医疗养护设施,可以为老人按摩、针灸,社区会提供家庭医生上门问诊的服务,或者是在社区内老年人自己选择签约的医生,在老年人有需要的时候会立即上门为老人做检查。社区在此项养老服务供给中目前做得比较完善。

精神类需求,随着我国城市化进程的快速发展,人口流动意识增强,家庭结构趋于小型化,大量的空巢家庭和留守老人出现,以及"四一二"逐渐增多,一些老年人由于无法获得全方位的生活照料及其子女的关心照顾,出现了一些孤独、自卑、焦虑、抑郁等心理不适症状。许多独居老人无法享受传统家庭中的天伦之乐和家人关心带来的精神慰藉。看电视、听收音机等以打发时间为目的的精神满足,属于精神满足的初级层次,对老年人精神养老需求的关注程度相对欠缺,没有跟上老龄化的步伐。目前,我国政府通过政府购买的方式向社会组织购买养老服务,但是目前的养老服务方式仅仅局限于日常生活上的照料,如洗衣做饭、打扫卫生等,对老年人精神上的慰藉仍然存在缺失的状况。针对这种情况,在客观上要求家庭、政府、社会组织在加强养老设施硬件建设的同时,在养老制度的选择与创新支持上对于老年人的精神需求给予关注与支持,努力做好老年人的精神养老工作,使老年人有一个健康的、积极的心理状态,打造尊老爱老的社会养老环境,在精神上给予老年人支持与鼓励,以提高老年人的生活质量,增加其幸福感。

此外,老年人的养老需求还存在着层次性的特征,也会影响到养老制度的选择。老年群体虽然通常被看作弱势群体,但其实其内部还存在着的一定程度上的异质性。具体而言,老年人有的处于贫困线下,有的老年人生活处于温饱水平,属于中产阶层,还有一部分老年群体在经济上处于社会的富裕阶层。这些老年群体之间由于年龄、性别、社会经历、文化程度的差异,也会使他们的养老需求层次存在着或多或少的差异。

目前,在老年人群体中存在三种不同层次的需求。一是生存需求,是指为失能老人、残疾老人、无法自理或者半自理的老人提供日常生存所必备的物质与资金保障,以此来支撑老年人生存下去的需要;二是普遍需求,普遍需求可以理解为物质需求与精神需求相结合,在当今经济发展迅速的社会中,物质需求在老年人群体中已经能够得到极大满足,但是对老年人精神上的满足尚有缺失。三是奢侈性需求。针对经济状况优越、身体健康状况较好、兴趣也比较广泛的老年人,除了选择传统的居家养老之外,也存在着对高端服务的需求。老年人渴望更舒适的养老环境,无论是日常照料方面还是医疗保健方面,他们都希望能得到舒适全面的服务。综合而言,随着社会的发展,我国老年人的养老需求呈现出多样化、层次性的特征,这也要求,在养老制度选择上不仅要满足老年人生存及物质生活需求,还要满足其医疗需求、精神需求以及层次性需求。

2. 供给层面

从老年人的供给层面来看,根据问卷调查的结果显示,我国当前存在着养老服务供需双方不平衡发展,养老服务的供给无法全面满足养老服务的需求以及部分养老服务供给相对需求存在过剩现象,这些毋庸置疑也会影响到养老制度的选择。随着人口老龄化进程的加速以及人们养老观念的改变,机构养老成为一部分老年人的优先选择,但是目前,机构养老准备还很不充分,存在供需失衡现象。一方面,表现在养老机构的供给存在现实性缺失情况;养老服务的供给无法全面满足需求。

首先,我国养老机构的供给能力发展滞后,无法与社会需求及时匹配。根据民政部统计数据显示,截至 2019 年第三季度,提供住宿的民政机构数量有 34 614 个,同比 2018 年第三季度增加了 2 177 个。其中,养老机构数量有 31 997 个,同比 2018 年第三季度增加了 2 665 个;精神疾病服务机构数量有 147 个,同比 2018 年第三季度减少了 92 个;儿童福利和救助机构数量有 664 个,同比 2018 年第三季度减少了 3 个;其他提供住宿机构数量有 1 806 个,同比 2018 年第三季度增加了 393 个。2019 年第三季度我国提供住宿的民政机构床位数量有 442.5 万张,同比 2018 年第三季度增加了 18.5 万张。其中,养老机构床位数量有 414.3 万张,同比 2018 年第三季度增加了 26.4 万张;精神疾病服务机构床位数量有 6.3 万张,同比 2018 年第三季度减少了 2.6 万张;儿童福利和救助机构床位数量有 9.7 万张,同比 2018 年第三季度减少了 0.8 万张;其他提供住宿机构床位数量有 12.1 万张,同比 2018 年第三季度减少了 4.7 万张。截至 2019 年 6 月底,全国各类养老机构 2.99 万个,社区养老服务机构和设施 14.34 万个,养老服务床位合计 735.3 万张。另据国家统计局的资料显示:截至 2019 年年底,全国 60 岁以上老年人口达 2.5388 亿,占总人口比重达 18.1%,失能、半失能老年人超过 4 400 万。从统计数据上来看,截至 2019 年 6 月,我国仅有 735.3 万失能老人有机会享受机构养老,占失能老人总人数的 16.7%,我国养老机构在数量供给上仍然无法满足老年人尤其是失能老人的养老需求。

其次,养老服务的供给水平总体低于需求水平。目前,我国的一些养老服务机构不能满足老年人的需求,机构自身建设滞后,布局不合理导致养老服务机构的服务效能不足,结构性矛盾突出。况且,老年群体会根据自身实际情况选择养老形式,生活能够自理的老年人更愿意选择在家中自行养老,而部分需要帮助的老年人会选择雇用他人进行家中照料的养老方式,这就导致大多数老年人群体较为固定在社区养老活动中心进行活动。但很多社区养老中心里却只配备了基础的医疗设备和药品,设备与卫生状况并不完善,仅能简单应对感冒等较为日常且普遍的状况,社区层面通常是无法应对老年人常见又急需的救护类服务,而且在社区中从事医护服务的人员大都是倾向于兼职性质,缺乏专业的培训和有激励力的工资,无法满足老年人在社区中享受养老的服务需求,由此,社区提供养老服务的职能被大大削弱。促进养老服务增加服务供给、改善服务质量,是践行以人民为中心的发展思想、保障改善民生的重要举措。故要鼓励地方及社区多渠道解决养老服务有效供给不足问题,支持各类所有制养老机构向规模化、连锁化方向发展,发挥公办养老机构兜底保障作用。

再次,我国部分养老服务供给与需求相比存在过剩现象。虽然我国养老服务供给现状从整体上看存在不足,但在一些地区也存在相对过剩的现象。在一些一线、二线城市经济发达,老年人的大部分需求可以自己得到满足,并且大城市中区域分散分布,老年人的养老需求较为集中,或是仅仅集中于一个或两个。因此有时养老服务供给的多方位多层次供给就出现了相对过剩的现象。一是养老机构的相对过剩。例如上海,地域广阔分散,人口众多,城市中心与城市边缘的经济发展水平相对不平衡,所以养老机构的设立在数量与质量上存在着较大的差异,上海市想努力实现养老机构的全覆盖,但由于老年人口分布状况差异,使得在没有养老需求的地区仍设有部分养老机构,造成了场地与资金资源的浪费。二是部分养老服务项目存在相对过剩的情况。在一些基本生活服务项目中,老年人的需求远低于养老机构的服务供给。在走访社区的过程中,了解到社区组织老年活动、社区医疗服务、社区人员探望老人、老年活动中心等方面的服务供需匹配度基本上趋于平衡的状态;在社区建立日常照料中心、社区提供家政服务、政府提供日常服务、法律咨询及援助、定期出去游玩等服务方面,均出现了养老服务供给大于需求的现象。由此说明,在这几方面的实际养老服务供给中出现了过剩问题或者无效供给等问题。其中在日常照料服务方面,政府与社区出现多次交叉提供服务的情况,老年人仅能"二选一"进行参与,导致其中一方的养老服务供给出现很大程度上的剩余,此外由于社会组织的宣传力度较弱以及其专业性与独立性的不足,所提供的养老服务仅仅被较小范围内的老年群体知晓,亦出现了供给过剩和供给无效的情况,造成大量社会资源的浪费。

无论是客观现实的改变还是老年人自身想法的转变,都暴露了国内养老产业发展滞后的现象,尽管我国社会主义现代化已取得很大程度的提升,但是养老观念仍停留在初期,养老机构与养老基础设施长久无法完善,医疗技术停滞不前,因此社会各界都应创新养老思维,顺应社会养老发展的需求。

（二）文化选择因素对养老制度创新的影响

1. 传统孝老思想影响养老制度的创新

文化选择因素是影响养老制度创新的重要因素，对于创新养老制度具有重要的现实意义。中国的传统文化也源远流长，自古以来中国重视"孝道"的教化，认为孝是一切道德行为的根本，养老孝亲是我们的传统美德，这也是影响中国传统家庭养老功能能否得以延续的重要因素。具体而言，"百善孝为先"，孝道文化历经中华上下五千年的历史，早已根深蒂固于大众心中，孝文化有利于家庭关系的和谐发展、稳定社会秩序。同时，中国是一个礼仪之邦，以孝为先警示世界，为世界树立起一个正能量的榜样，比如独生子女在父母的有生之年要一直陪伴照顾父母，不远行不远离不忽视。儒家文化中也是将"孝道"放于主要发展的位置，自古以来就有多种孝道理念文化武装人们的头脑，因此大部分老年人也将养老寄托于子女身上，而赡养老人也已经成为法律上的明确规定，从而形成了家庭养老模式机制。也正是传统的养老观念深入人心，所以目前大多数老年人仍然只信任子女，拘泥于家庭养老中，他们更愿意享受儿孙满堂的天伦之乐，主动选择到社会养老机构生活的老人相对较少。正是这种中国传统孝老思想信念的影响，决定了当前我国在致力于创新社会养老制度的同时，决不能忽视家庭养老保障机制的培育与利用。

2. 道德规范影响养老制度创新

早在两千多年前，中国就提出了"老有所终""老吾老以及人之老"等养老的规范，因而从始至今家庭都必须承担老年人的养老问题。然而近些年来，子女不赡养老人的现象越来越多，造成这种局面的一个重要因素是人们养老思想道德观念的转变。随着经济发展与现代化浪潮的冲击，家庭观念已逐渐弱化，年轻子女更加注重自身能力的提高以适应当今社会的发展现状，从而忽视了家庭中老年人的心理状态与想法，孝道文化在社会经济快速发展的状态下也逐渐受到了忽略，使得传统家庭养老的模式受到了冲击，并呈现出不断弱化的趋势。

可以说，越来越复杂的社会环境冲淡了人们的养老意识，养老意识的弱化又对社会起反作用，引发了日益尖锐的社会养老矛盾。尤其是在我国现阶段，传统的道德价值观被削弱，新型养老观念尚未能被大众所接受，因此老年人的养老需求更加容易被大众所忽视。因此，政府更有责任创新养老制度，加强人们的养老道德规范，继承传统养老文化中积极的内容，同时积极发展社会养老机构，推进养老社会化进程。

3. 宗教信仰影响养老制度创新

作为一种社会文化以特有的方式,宗教影响着社会的意识形态。根据2018年发布的《中国保障宗教信仰自由的政策和实践》白皮书的介绍,中国的信教公民近2亿人。在这近2亿人中,老年人占据了较大的比例。当前人口老龄化趋势发展严峻,各国都需加快出台缓解老龄化的解决办法,养老问题是社会共同关注的问题,需要政府、市场、家庭、社会组织多元主体协同发挥作用来解决当前的问题。2012年2月,国家宗教事务局、中央统战部、国家发展改革委、民政部、财政部、国家税务总局联合印发的《关于鼓励和规范宗教界从事公益慈善活动的意见》中指出,重点支持宗教界在养老等公益慈善领域开展非营利活动,宗教界可以依照民政部《社会福利机构管理暂行办法》申请设立为老年人服务的社会福利机构。宗教组织填补了其他社会组织的短板,宗教组织参与的养老服务工作是纯粹的公益性活动,没有任何的盈利目的,这一性质有利于促进我国养老事业的快速前进,有利于解决社会养老矛盾。

根据实际调查发现,宗教界参与养老工作的频率呈上升趋势,方式也呈现出多样化的态势,例如在一些地区教会组织办养老院、组织捐赠养老善款、举办养老服务各项娱乐活动,丰富老年人的日常生活等。宗教组织参与社会养老仍是起步状态,若想得到全面发展,宗教方面应制定完善的养老制度,与政府、市场及其他社会组织合力发展,协同发挥养老作用。

4.老年人自身教育程度影响养老制度创新

《中国老年人生活质量发展报告(2019)》显示:教育素质对老年人的生活质量有着直接的影响。来自中国老龄科研中心的调研数据显示:我国老年人中未上过学的约占29.6%,小学文化程度的约占41.5%,初中和高中的约占25.8%。从中可以看出,我国老年人的文化程度总体偏低,未上过学和上过小学的老年人占比最高。而目前,多媒体信息与大数据开放已是社会发展的主流,而文化程度较低的老年人使用科技产品获取信息仍不熟练甚至具有排斥心理,因此很容易与社会脱轨,精神生活与物质生活无法得到全面的满足。

目前,我国一些地区正积极推进互联网+社会养老、积极建设智慧社区,但是由于老年人观念保守、使用互联网产品的知识和能力不足,智慧养老覆盖率低,一些老年人对智慧养老的了解程度较低。究其原因,一个重要方面是由于老人的文化程度偏低,智慧养老的专业知识无法深入他们的日常生活中,对于智慧养老的信息掌握较少。例如老年人仍是比较信任日常常见或周围人常用的智慧养老产品,如电子血压计,较少使用一些智能设备,由于文化知识有限他们担心自己不会使用智能设备,对智能养老产品产生排斥感;此外部分老年人因现代科技知识的缺失,对智慧养老有片面化理解,并对一些智能产品的使用存在风险意识,从而对智慧养老服务的质量怀疑。可以说,老年人自身教育程度影响着养老制度创新,因此,如何创新养老方式和制度,提高老年人的生活质量,提升老年人的幸福感也成为全社会关注的焦点之一。

（三）政治选择因素对养老制度创新的影响

1. 养老诉求的积极回应影响养老制度创新

国家对养老诉求的积极回应有助于推动我国养老制度的不断创新和发展。目前,我国养老服务存在供需严重失衡的问题,养老数量的不断扩大与养老床位短缺的矛盾仍然十分严重,单纯以政府财政补贴为主加强养老服务机构建设的发展方式,已经很难满足我国养老事业发展的需要。为解决这些问题,国家积极回应老年人群体的相关诉求,鼓励和支持社会民间资本积极参与到养老服务的建设中来,降低养老服务准入门槛。现阶段,在政府"放管服"改革的推动下,市场在资源配置中发挥着主导作用。各级民政部门简化养老机构设立的许可程序,各市场主体法人登记后即可开展养老服务,在一定程度上激活了养老市场的发展。同时,各地政府积极依法推进养老服务审批权限的下放,努力实现"最多跑一次"改革,打通"最后一公里",为市场力量进入养老服务领域提供全面细致的服务,降低了市场的准入门槛,激发企业、社会力量参与到养老服务中的积极性,进而有力地推进了我国养老制度的创新和发展。

2. 决策信息公开透明影响养老制度创新

信息公开产生公平,信息透明提升政府的公信。养老问题事关广大老年人群体的切身利益,事关社会公众对我国养老制度的信心与预期。目前,国家正全面推进社会救助和养老服务领域的政务公开,积极推进实施养老服务扶持政策措施清单、养老机构投资指南,实行基层社会救助和养老服务领域政务公开的标准化、规范化。有关决策信息的公开、透明能够让社会公众清楚地了解养老领域的相关信息,这也起到了以信息公开促进政策透明、增进社会公众理解的作用,进而推动养老制度的不断创新和完善。同时,也有助于国家不断听取社会意见,了解社会公众所关心的养老问题,不断创新社会养老制度,进而让广大老年人群体分享经济社会发展成果,不断促进社会的公平和正义。

3. 法制建设影响养老制度创新发展

在老龄化过程中,老年人始终处于相对弱势的地位,为此我国政府在推进养老服务发展的同时也十分关注老年人合法权益的保障。近年来颁布了一系列政策,努力构建一个全方位、多层次、规范化、标准化的养老服务体系。但是目前,一些社会养老问题更多停留在政策性文件规定层面,缺少法律层面的保障,导致我国现行的养老法律体系不能全面解决当前老年人群体日益增长的养老需求,不能全面解决我国养老服务进程中的一系列问题。例如,为解决老年人养老问题所推行的"以房养老"主要是政府出台的政策,缺乏与之相配套的法律法规作为保障,致使其在实践中很难有效实行。这表明养老制度的创新需要有与之相配套的法律法规提供保障,法制建设的不断完善也影响着我国养老制度的创新与发展。

4. 政治制度的民生导向影响养老制度创新

民生问题成为十八大以来国家在社会建设方面的重点,而之后的十九大,更是对民生改善与保障进行了特别关注,尤其是对老年人,提出了构建关爱服务体系,对老年人的生命质量以及晚年生活改善更加重视。这种对民生、对老年人的高度重视,为相关政策的出台指明了方向,也为我国养老制度的创新提供了政策上、导向上的支撑。

第五节　中国养老制度发展的困境

通过养老制度的扩散机制、选择机制研究,发现当前中国的养老制度体系整体上比较完善,但同时我们也发现,中国特色社会主义新时代的到来,对养老制度提出了更高的要求,这一切为养老制度的改革创新提供了强劲的动力。为了保证制度创新的系统性、整体性、协同性、科学性,本研究采用了深度访谈的方法,进一步了解养老制度体系中存在的不足。本次访谈对象主要包括:大连市白山路、华乐、葵英、胜利、绿波、安家村、艾家屯等街道负责人、社区居住的老年人及家属;天兴、春和、得胜、西林等社区书记或居委会主任、社区内养老机构相关负责人、社区居住的老年人及家属共61人。通过所搜集的数据可以看出,当前中国的养老制度体系还存在养老制度环境生态化不足、制度供给不平衡不充分、养老制度体系存在信任危机等问题。

一、养老制度环境生态化不足

(一) 养老制度生态环境

中国的养老制度生态环境主要指养老制度创新生成、制度变迁、制度发展等一切影响因素的总和。首先是制度本身,养老制度系统不是独立的,当处于整体制度系统当中,对外会与其他的制度系统相互影响、互相作用。对内而言,不同的养老制度之间也会彼此产生互动,而制度既包括正式制度,也包括非正式制度。总之,不同的制度作为制度环境生态组成部分,同时也在互为生态环境。其次是作为养老制度主要制定者和执行者的政府以及非政府组织,他们也是养老制度生态环境的重要组成部分,养老制度的设计、实施以及调整和完善,他们所起的作用都非常大。在养老制度生态环境中,作为社会主体的公民,他们是最为活跃的因素,他们的个人素质及意识,对养老制度的扩散、选择及制度的执行、变革等都会产生深远的影响,进而促进养老制度生态环境的不断完善。

作为基础性的养老制度生态环境,与养老相关的法律法规、规章制度及有关政策文件等构成了正式的养老制度。正式的养老制度指政治、经济、契约视角下的养老规则,它将调节人们的养老行为,同时塑造人们在养老过程中的各种交互关系。而人类在长期发展过程中形成的与养老相关的价值观念、意识形态、伦理规范、风俗习惯、道德观念等方面的总和构成了非正式养老制度,这一切都会以非显性的方式对养老制度的发展产生影响。

(二)养老制度环境生态性不足

1. 正式制度层面:政策法规建设进度低于老龄化进度

根据统计数据预测,我国 60 岁及以上的老年人口比重在 2010 年至 2050 年的 40 年间,每 10 年大约会提高 4.7、7.3、5.9、2.9 个百分点,平均每年增加老年人口 1 000 万,增速之快、进程之速令世界关注。纵观全世界的老龄化进程,发达国家多用时几十年至 100 多年,而我国仅耗时 18 年(1981—1999 年)便进入老龄化社会,且未来很长一段时间,中国的人口老龄化的进程仍属快速发展趋势。

然而发达国家在人口老龄化的同时已经建立起较为完备的社会福利机制,"从婴儿到坟墓"的高社会保障机制以及与之相配套的完善养老制度环境较为良好,能够较好地应对老龄化的冲击。而我国由于计划生育政策影响产生的 4—2—1 家庭,使得老年人口绝对数量大、增速快;且由于我国经济发展水平与发达国家仍有一定差距,社会保障水平相对较低,使得目前我国养老正式制度建设水平落后于老龄化程度。尽管近年来政府提出建设有我国特色的社区居家养老模式,但由于我国社区服务能力的限制以及养老服务业发展水平的限制,使得我国养老事业目前仍处于探索阶段,相关政策法规建设亟须完善。

2. 非正式制度层面:家庭养老模式依旧深入人心

长久以来,受"家文化"等传统文化的影响,家庭养老一直是我国最重要的养老模式。这种由家庭成员提供养老资源的养老方式和养老制度,在计划生育政策实施以前有着较强的服务能力,能够在家庭这一基本单位内解决养老问题。随着时代的变迁,4－2－1的独生子女家庭结构目前成为社会主流,家庭的小规模化直接导致了家庭养老服务能力的大大削弱,在未来老龄人口仍将增长的压力下,继续仅依靠家庭养老已经无法解决我国的养老问题。虽然目前我国已出台了诸多缓解家庭养老压力的制度,如社区居家养老制度、互助养老制度等,但受传统因素的影响,公众对于养老认知仍较多地停留在家庭层面,对新生养老制度的接纳度不高,参与不足,阻碍了养老制度创新的发展。

二、养老制度供给不平衡不充分

随着我国老年人口数量的不断增多,养老及其相关问题成为政府和社会重点关注的问题。虽然我国的养老制度在不断地完善,养老制度的创新和完善有利于维护公平正义、化解社会矛盾、保障良好的社会秩序。但是从当前我国的养老状况可以看出我国的养老制度还存在很多不完善的地方,由于老年人生活水平的不断提高,他们不再只是简单地满足物质层面的需求,而是提出更高层面的需求,而政府并不能完全了解老年人多样化的健康需求,因此在养老制度供给的过程中存在供给不平衡、不充分的情况。

（一）养老制度供给不平衡

养老制度的供给与当前老年人多样化的健康需求不匹配,也就是政府养老制度供给的不是老年人当前最需要的或者政府养老制度供给的不适合某地区老年人的需求。养老制度供给的不平衡体现在由于城乡发展的不平衡、地区间经济发展水平的差异等原因,造成不同地区对老年人的养老的需求是不一样的,完全统一的养老制度并不完全都会发挥应有的作用或者达到预期的效果,如家庭医生签约服务的推行。家庭医生签约服务可以作为对医养结合制度的一种补充,以为老年人提高更加高质量的服务、满足老年人多样化的健康需求,在实际的推行过程中,出现政府出台政策已经有一段时间了,并且也发布了一些官方的数据,但是在实际调研的过程中可以发现有很大一部分不了解家庭医生签约服务,甚至有一部分人完全不知道,这为我国家庭医生签约服务的推广增加了许多难度。

（二）养老制度供给不充分

政府与老年人之间信息的不对称,使政府并不完全了解老年人多样化的健康需求，这也就造成养老制度供给在一些方面的空缺。养老制度供给的不充分主要体现在我国养老制度的不完善：一方面是养老保险制度的不完善。养老保险制度承担着缓解我国公民老年生活后顾之忧的职责，但由于我国的养老保险制度提出的时间比西方国家晚，因此当前我国的养老保险制度存在法律规章制度不健全、相关规章制度实施不到位等问题。特别是农村地区的养老保险制度，由于农村地区环境、经济发展等多方面的因素造成我国农村养老保险制度发展缓慢，使我国农村的养老保险制度并不能很好地满足农村老年人的多样化的养老需求，从而影响我国养老服务体系的构建。另一方面是相关法律法规等保障制度的不健全。老龄化问题的严重使我国近期推出了多项养老方面的政策，使我国养老市场呈现繁荣的景象，但是在繁荣的同时也容易出现一些市场乱象，需要法律法规对相关人员的行为进行约束，以保障养老制度的实施。

三、养老制度体系存在信任危机

（一）制度信任

信任的核心本质是依赖关系，其属性要求是相互依赖的个人或团体在某种程度以双方的基本利益为出发点存在着交换关系，具备着实现彼此利益的共同愿望和动机，并采取同利益归属相一致的行为策略和行为选择，以期获得积极正向的结果。制度则对相关主体与当事人的行为活动过程发挥着监督、调解和控制的作用，并在其中展示了无差别的、普遍化的且具有公正性的约束力量，人们之所以能够创造和充分运用社会资源并抓住机遇是在制度的保障下实现的。它的主要功能是促进和保障，而且在宏观社会层面上的权威性、可靠性和普遍性受到全体社会成员的认同。综上，制度信任以公开化、公共性以及信托式的信任关系为显著特点。人际信任往往是建立在长时间的交往和沟通的基础之上的，相互信任的双方或是具备较深程度的了解，或是拥有较强的感情羁绊。同时人际信任所蕴含的显著特征包括两个方面，一方面是"地位相对平等"，另一方面为"时间需求"。时间"省略"的环境在制度信任中是比较明显的，不用经历长时间、不间断的互动的过程情感或关系培养。同以人性为基础的人际信任相比，制度信任正逐渐演变成为在社会信任中心理支持方面的重要且占主导的形式，成为维系社会合作和交换活动完成的一种替代性保障，并且在社会合作和交换活动过程中，制度本身所具有的活力与效率也得到了充分的释放，继而进一步提升了制度信任的水平。所以，制度信任既是构成社会资本的核心要素，也是支撑现代社会有效运转的必备条件。

（二）养老制度信任问题表现

1. 社会化养老认知度低

在家庭养老功能逐渐弱化的今天,社会化养老将逐渐发展成为解决我国养老问题的重要手段,但目前在我国的社会化养老中存在着信任危机问题。从 20 世纪以来,西方发达国家相继进入老龄化社会,依靠福利国家的社会保障优势以及社区照护等制度建设,较好地解决了社会养老问题,其主要特征是多元养老服务主体共同承担养老服务功能。相比之下,我国当前的老龄化问题更为严峻,老龄人口基数大、增速快,养老方式始终以家庭养老为主,并且社会化养老模式的发展水平不足。社会化养老模式发展滞后主要包括两个方面的原因:一方面,由于政府对社会化养老模式的探索和推广程度不足,导致了社会化养老缺乏公信力;另一方面,养老机构、社区、社会组织等多元养老服务主体在公民中的渗透程度不足,导致公民对其了解程度不高、信任水平偏低。

2. 养老保险制度仍需改进

作为政府对于养老事业的直接调控手段,养老保险制度的建设是解决我国养老问题商业养老保险的直接途径。目前我国主要的养老保险形式有基本养老保险、企业补充养老保险、个人储蓄性养老保险、商业养老保险四种。投保机制是以工作单位为基础,由国家、企业、个人共同承担,然而对于已经退休尚未参保的老年人、工作性质特殊未参保的老年人、没有工作无法参保的老年人等各类养老保险制度之外的老年群体则存在着较为严重的信任危机。且养老保险政策由政府制定,相对于一般商业保险缺乏对用户需求的考察和了解,在制定政策的过程中存在着供需不平衡的问题,使得参与养老保险的老年人也存在着一定的信任问题。

第六章　中国健康养老制度的创新机制

第一节　健康中国战略的激励生成

健康中国战略的主要内容是我国对未来十年的一系列健康计划,在《健康中国2030规划纲要》中提出了具体的要求,其中包括完善健康环境建设、推广健康生活、提高健康服务水平、健全健康保障机制、支持健康产业发展、建立完备的协调支持保障,以达到全方位、全生命周期保障人民健康的目标。本研究从三个层面——健康国民、健康覆盖、健康环境分别挖掘分析健康中国战略的本质要求。

一、对"健康国民"的要求

在满足了良好体魄作为基本特征的条件下,具备更高的健康素养以及良好健康的生活方式。

（一）推广全民健康教育事业

加大对全民健康生活方式的推广力度,以家庭为单位、高危个体为重点,强化对其健康生活方式的灌输和指导。完善各类技能核心信息以及全面健康知识发布制度的建设,加快建设全国范围内的健康生活方式以及健康素质检测体系。健全健康教育促进体系制度建设,搭建健康教育网络。专业机构开展工作相匹配的人、财、物保障措施,实施流动人口健康教育和促进行动计划。要重视精神文明工作。大力宣传科学健康知识,完善如广播电视节目等媒体宣传机制建设,拓宽健康教育宣传路径。心理健康是全民健康教育中不可或缺的一部分。重视和强化心理健康教育,加快心理健康事业体系和管理制度建设,提高全民心理健康水平和素质。推进义务教育中心理健康教育的建设,有效解决青少年儿童的心理健康问题。提高对心理健康疾病问题的重视度,如对焦虑、抑郁、分裂等精神和心理疾病的发现和干预。完善对严重心理健康和精神疾病人群的登记汇报和治疗工作的管理制度,发展社区精神障碍救治服务,积极引导社会力量参与和提供社区心理健康和精神障碍医疗服务。根据人口健康信息完善青少年健康档案的记录。

(二)提高全民身体素质

一方面,建设完备的公共健身服务体系。加快落实公共健身基础设施建设,因地制宜合理规划,以社区为单位建设一批如健身公园、多功能运动场、健身走道等新型健身场地。提高社区的体育生活化服务水平,建设城市健身网络,完善公共体育设施建设,鼓励和支持各类基层体育社会组织的发展。同时引导和扶持社区体育社会组织建设,规划建设具有健康文化宣传、科学健身教学、体质测量、各类健身等功能全面的基层健康运动中心。各类公共体育基础设施向公众免费或低收费开放使用,并要求各类企事业单位符合条件的公共体育设施和场地全部对公众和社会开放。另一方面,广泛开展全民健身运动。各地开展具有文化特色的全民健身活动。支持社会体育组织承办全民健身的各类活动及比赛。对妇幼老和青少年等社会特殊群体进行体质干预。提高学校体育教育要求,把学生体质健康水平纳入工作考核体系。针对老年群体建设适合的公益体育健身基础设施。推行工作与健身结合,鼓励新开发的工作场所对体育健身场地的建设。积极引导那些因工作性质原因导致体力工作活动缺失的职业群体参与体育健身活动。全面推进全民健身助残工作,增加以农民、儿童、妇女和在岗职工为主体的体育活动开展。各地应逐步将外来务工等流动人口的公共体育服务供给归于属地,并增加对在社区矫正的人群等特殊群体的健身体育服务供给。

二、对"健康覆盖"的要求

在满足"病有所防、病有所医"的基本要求下,公众能够拥有相对高水平的健康保障以及医疗卫生服务。

(一)强化覆盖全民公共卫生服务

提高对各类重大疾病的防控意识。完善各类慢性疾病的防控和处理计划。强化对各类慢性病和早期发生监测,对各类心脑血管慢性病、糖尿病等患者进行全覆盖式干预管理。诊疗常规要求逐步纳入如符合条件的癌症和心脑血管慢性病等重大疾病的早监测、早诊断、早治疗。到2030年,对各类人群全生命周期实现慢性病的健康监测管理,并强化各类传染病的发生监测预警。落实国家的免疫要求规划。提高艾滋病的检测、治疗和管理水平,加强突发急性传染病的防治和新发传染病的防控。做好全县食源性、土源性等重点寄生虫病控制工作。加强人畜共患病防控工作,强化动植物风险评估制度,提高疫情疫病防控能力;提高基本公共卫生服务的均等水平。推进国家级基本和重大公共卫生服务项目的实施。根据需要对基本公共卫生服务补助进行标准调整,增加各类服务项目和服务内容。完善基本公共卫生服务的评价和绩效靠机制,提高基层公共卫生医务人员和服务人员的积极性。建立健全各类公共卫生主体提供公共卫生服务的管理机制,包括各类中医医疗机构和专业公共卫生机构。重视和完善对流动人口基本公共卫生服务均等化工作。

（二）加强重点人群健康服务

提高对老年群体的关注度,完善老年医疗和卫生服务建设,把社区和家庭作为医疗卫生服务推进的下一范围。强化养老服务机构与医疗卫生机构的合作,重视医养结合工作的实行。支持养老机构配置各类医疗和康复器械设备。要求各级医疗卫生单位为老年人提供便利的就医环境和优先的就医服务。通过政府购买服务,为基层老年人提供每年至少一次的优惠体检和老年慢性病的检测干预及健康指导。增加对高龄失能以及贫困老人的政策补贴,推进针对老年群体的长期保障护理制度建设。同时完善医疗保险制度,增加和丰富基层老年人药物供给。

（三）强化中医药服务能力建设

建立健全中医药服务体系,将各类县中医院作为发展重点,建设村县乡层级的中医药服务模式网络。重视特色中医药专科建设。推广中医非药物治疗方法。康复服务方面形成有中医特色的新疗法。在对未病的主导治疗、对重大疾病的辅助协同治疗以及在康复治疗的核心治疗上,充分发挥中医药服务的特色优势。在各类中医药保健养生服务机构的建设工作上支持社会力量参与,促进中医药服务事业发展。拓宽中医医疗机构的服务范围。鼓励专业中医医师对中医药保健养生服务机构进行专业化的指导和技术支持。促进中医药文化推广,开展各类特色中医和中药行等文化活动。继承发扬传统中医药文化的同时,还需对传统中医药进行科学的传承和模式创新。促进中医西医的协调发展,重视培养高级中西医结合的人才。鼓励各类非中医医师对中医药知识理论和医疗技能的学习以及对中西结合治疗方式的临床应用。加快建设中医药关键医师队伍、关键药材、关键药房和关键诊疗技术工程建设。科学传承创新传统中医药医疗模式,建立有资质的中医医师会诊制度。完善中医药知识产权保护机制,重视非物质文化遗产继承。对珍稀中医药药资源进行重点保护,同时对各类中医药资源进行广泛的调查和监测。加快濒危、大宗和道地等特殊药材的繁育种植基地建设,对各类中药材市场进行动态监测,推动中药材行业的可持续发展。

（四）完善全民医保制度

推进多层次医疗保险制度体系建设,强调基本医保的主体地位,同时在重大疾病保障、各类医疗救助服务、应急式医疗服务、社会公益医疗以及健康商业保险作为制度补充。优化结算机制,推行"一站式"模式,提高各级医保服务质量。统筹管理城乡居民基本医保服务制度,对医保项目、医保待遇、医保覆盖、医保筹资、医保管理和医保基金六方面进行统一管理。在医保筹资方面实现稳定化和可持续化,并优化报销比例的调整模式,达到医保基金在中长期的收支平衡。优化医疗保险参保交费机制,促进城乡居民收入水平与个人缴费要求挂钩,推广家庭参保模式。统筹医保待遇调整制度与医保实际筹资情况,要求二者互相适应。优化职工个人医保账户设置,统筹门诊开展。

（五）提供优质高效便捷医疗服务

创新医疗服务供给模式。完善各类医疗信息的共享互通模式,重视对慢性疾病的防控、治疗和管理工作,促进三者协调发展,达到医防结合。建立健全在每个类别和每个层级的医疗机构之间权责目标明晰的协调分工机制,同时优化运行和激励机制,促进医疗服务网络的完善。推动家庭签约医生服务事业发展,完善医疗体系的分级诊疗机制,要求实现基层先诊、协调转诊、各级协作和分类治疗等科学诊疗模式。强化基层医疗机构作用,在多发病和常见病的就医以及诊断结果明确而稳定的慢性疾病的就医优先推荐基层就医。推进医疗联合体系协作功能的建设,使得整体服务绩效得以提高。

三、对"健康环境"的要求

在满足"环境友好"和"绿色生态"基本要求下,是适合公众健康生产生活的生存和居住环境。

（一）加快健康产业发展

促进各类健康服务的多样化发展。推动健康养老、健康旅游、互联网健康、健身锻炼以及健康食品等多元健康事业结合,创新健康产业发展。鼓励和引导体育医疗康复和健康文化产业的发展。推广森林康养观念。加快建设以健康中医药为特色的旅游示范区。重视运动健身休闲产业的发展。改革各类体育协会现状,创新各类体育场馆运营模式,激发社会力量参与运动健身事业的建设、规划和运营。集聚化发展健康产业,加快建设平江核心健康产业项目,支持各地方因地制宜地提供经营环境、场地审批、准入机制、市政配套和人才培养等方面给予政策倾斜。

（二）建设健康信息化服务体系

完善医疗信息化基础设施建设,在疾控、妇幼、基层卫生和传染病等领域建设信息化网络,加快全民健康信息平台以及国家卫生计生网站的建设,要求对计划生育事务管理、公共卫生事业管理、药物管理、综合管理以及医疗保障和管理等六个方面集中化信息建设和应用。推广健康医疗信息普惠制度,建设全国范围的公民人口信息统计、电子健康档案记录和电子病历查询数据库,并要求动态更新实施信息。在公民入伍和退伍前后实现军队和属地间的个人电子健康档案数据共享,建设分级医疗和远程医疗服务体系。推动健康医疗信息化新业态有序发展,加强健康医疗数据安全保障和患者隐私保护。

（三）提升医疗服务水平和质量

完善公共医疗安全问题网络信息系统建设。强化对执业医师的监督和管理工作,完善相关考核评估机制。强化医疗质量管理,达到全方位、全行业的精准实时化控制,着力提升医疗服务整体水平,将各类主要医疗服务项目标准,包括抗菌药物使用率和再住院率等提升至国内先进水平。要求达到诊疗行为和临床准入管理规范化,切实为医疗安全提供保障。合理化临床用药,强化管理临床用药事务。对有关麻醉、精神药品以及临床药物试验事务强化管理。重视血液安全使用管理。强化医疗机构信息互通,实现各类检查检验结果共享。促进多元主体参与医疗事业发展,支持和引导社会力量对非营利医疗机构的建设,要求社会化医疗机构与医疗保险管理部门制定合作服务规则,在包括建设标准、时限以及各类程序方面与公立医院享受相同待遇。提高医师多点执业办理工作效率,简化流程,并支持医师在工作时间参与到非公医疗机构以及基层医疗机构协助。提高各类非营利民营医疗机构待遇,缩小与公立医疗机构差距。规范化非公立医疗机构管理制度,将非公医疗机构的医疗服务和技术进行体系化的医疗质量管理。

第二节　健康中国战略与健康养老制度同构

通过理论研究与政策解读,健康中国战略提出与健康养老制度研究所涉及的主体重合,且目标导向一致。即老年人是对健康需求最多的主体,同时老年人也是健康危机最大主体,二者都是为了满足老年人多样化、个性化的健康需求、不断改善老年人的健康状况、积极应对我国的人口老龄化而提出来的,相关的健康化社会机制应运而生。本研究将从经济机制、伦理法律机制、政治制度以及文化心理等四个方面对健康中国战略与健康养老制度的同构进行具体的分析。

一、经济机制——健康保障

健康中国战略强调公共卫生服务的全覆盖,特别是要重点关注老年人身体健康,推进老年卫生服务体系的建设,同时为缓解我国人口老龄化的现状,提倡采取由政府出资延伸医疗卫生服务到社区和家庭、为老年人定期提供公益性的体检、对高龄老人给予相应的政策补贴等经济措施,在给予老年人最大便利的同时满足老年人多样化的需求。而健康养老制度研究也特别关注通过提出高龄补贴制度、养老服务补贴制度以及对农村养老服务体系建设的相关补贴制度等来为老年人获得养老服务提供经济支持,在最大程度上发挥政府在养老服务市场中的调节作用,使养老服务市场可以有序地开展。总之,健康中国战略和健康养老制度都考虑到了可以通过经济支持来改善老年人的晚年生活,以完善我国的养老服务体系,在最大程度上方便老年人的同时对老年人的健康需求进行了保障。

二、伦理法律机制——赡养

随着我国老龄化程度的加深,老年人的赡养问题成为社会重点关注的问题。由于老年人身体各方面的机能都呈现下降的状态,因此并不能很好地照顾自己的日常生活,这就需要政府、社会、家庭等加大对老年人赡养问题的关注。健康中国战略旨在提高全民的身体健康素质,而且提出老年人是重点关注的人群,通过加大对老年人健康问题的重视,来解决老年人的赡养问题。而健康养老制度研究则是通过法律法规、各种规章制度等对养老服务体系的构建进行保障,不断完善的养老服务体系有利于改善当前我国人口老龄化的现状,通过法律法规、规章制度等来提高社会各相关主体对老年人赡养问题的重视。

三、政治制度——社保制度

社会保障制度体系包括社会保险、社会救助、政府补贴以及社会福利等内容,其中保险制度涉及养老保险和医疗保险,健康中国战略强调要完善全民医保制度,健全以基本医疗制度为主体、各种商业保险为辅助的医疗保险体系;社会救助则主要包括最低生活保障制度和长期护理保险制度,这为老年人健康需求的满足做出了贡献;政府补贴主要指养老补贴和高龄补贴,以此为养老服务提供支持;社会福利则是以老年人权益保障法为法律依据,通过在社会兴办敬老院等福利机构的方式来保障老年人养老服务。而健康养老制度研究也强调要完善社会保障制度体系,实行基本医疗卫生体制改革,通过完善社保制度来提高老年人的健康水平、保障老年人都可以获得高质量的养老服务而努力。

四、文化心理——老人是家庭的道德核心

尊老敬老是中华民族的优良传统,老年人自古以来就拥有较高的家庭、社会地位,因此要给了老年人特别的关注。在健康中国战略中提出要提高全民的健康素质以及对全民开展健康教育,但强调要重点关注老年人的身体健康状况,鼓励医疗机构重点为老年人提供便利和优先服务、养老机构要完善相关基础设施,以便为老年人提供更好的养老服务,使老年人都可以拥有高质量的晚年生活。健康养老制度研究强调构建尊老、敬老的社会环境,通过智慧养老、文化养老、旅游养老、生态养老等来缓解人口老龄化的问题,为了给老年人提供更加优质的服务,要积极推进医养结合的发展。

第三节　健康养老理念构建

健康养老具有积极应对老龄化、便捷智能的养老服务、传统文化与现代艺术结合的精神滋养、可持续发展的养老生态环境等诸多特点。健康养老主要可以体现在积极养老、智慧养老、文化养老、生态养老四个层面,本研究也将从这四个层面解读健康养老。

一、积极养老

(一)积极养老的内涵

积极养老是以积极应对老龄化为特点的健康养老。其出发点是延伸积极老龄化,其本质是积极老龄化的养老实践(刘文等,2015),是从健康、参与、保障三大视角关注老年人的体力、社会和精神潜能的发挥,在老龄化过程中确保老年人的生活质量不断得到提升,保障老年人可以健康自主地按自己的权利、需求、爱好、能力参与经济、文化和公共社会活动,并且能够

得到充分保护和照料(候蔺,2017)。

（二）积极养老的解读

本研究从积极养老的两个层面:积极的养老意识、积极的养老生活方式对健康养老进行解读。

1. 积极的养老意识

从老年人自身角度来看,积极的养老意识是老年人要摒弃目前消极的、被动的、悲观的、内耗的养老观念,主动树立积极的养老观,以积极视角看待晚年生活,明确老年阶段是生命的黄金时段,同样可以拥有自信、作为、进步、快乐,老年人在晚年依旧可以成为社会经济发展的参与者和贡献者的思想。从社会角度来看,积极的养老意识是全社会淡化老年人年龄界限,进行人口老龄化国情教育、老龄政策法规教育普及,弘扬敬老爱老中华民族传统美德,传承与创新具有民族特色、时代特征的孝亲敬老文化,提升全民对老年人的关爱意识,以及提高老年人自尊、自立、自强的自爱意识,维护老年人尊严和权利,进而提高老年人生活和生命质量。

2. 积极的养老生活方式

从老年人自身角度来看,积极的养老生活方式是老年人主动走出家门,积极参与文化活动,积极进行体育锻炼,学会管理自己的身体,做好自身的疾病预防准备,理性选择养生方式和保健方式,形成健康的作息习惯、饮食习惯、锻炼习惯,将健康和生命的主动权掌握在自己手中(候蔺,2017)。在晚年生活中真正地乐享生活、追求生活。从社会角度来看,积极的养老生活方式是以生命健康为主线,从生命全过程的角度对所有影响老年人健康的因素进行综合系统的干预,全社会进行适老化改造,消除社会对老年人的偏见,倡导老年人积极主动参与社会,促进身心健康。建立包括健康教育、预防保健、疾病诊治、康复护理、长期照护、安宁疗护的综合连续以及覆盖城乡的老年健康服务体系。

（三）积极养老的特点

1. 尊重老年人价值与尊严

传统养老模式的服务工作是基于老年人身体机能缺陷,以救助和补贴为重点展开的较为消极、冷漠的养老模式,作为最终受益者的老年人群体往往在服务行为的实施过程中只能处于被动接受状态。老年人与社会的关联度在逐渐降低,即社会边缘化。其带来的负面影响不仅使老年人的价值与尊严得不到应有的尊重,老年人的能力与潜能也被大众忽视,从长远来看,这种"标签效应"会继续强化社会对老年人固有的偏见,并会严重挫伤老年人的自我认同感。而积极养老的服务模式更加注重的是向社会传达一种积极养老的观念,人在年老之时,更要有追求自我价值实现和尊严、幸福的权利,应该关注与老年人群体进行平等对话、积极生活发展、共享社会成果。

2.强调老年人的平等地位

传统养老模式侧重的是"一视同仁"。不管是政府保障体系,还是社会组织,其服务的供给思路往往是采取一个服务衡量标准,可以扩大救助范围、提高养老服务的普惠度,但这无法对具体情况分析去提供有针对性的支持和帮助。而积极养老更强调老年人群体在社会生活中应享有的平等地位以及发展与共享的权利。确立老年人群体的平等地位主要通过两个方面:一是尊重老年人的差异性与特殊性;二是帮助老年人建立其主体地位。即通过对老年人群体的需求进行科学、全面的分析,在进行平等对话与合作时帮助老年人明确自己的社会角色,让老年人更好地享受基本社会权利,积极鼓励老年人群体摒弃以往消极的、被动的、悲观的、内耗的自我偏见,积极融入社会生活,由被动接受者向积极参与者转变。

3.充分挖掘老年人的潜在优势

传统养老模式只是简单地将老年人身体机能的下降或缺陷等同于"失能",他们成为家庭和社会的负担。事实恰恰相反,老年人群体背后蕴含的潜在优势和资源是社会价值创造的重要来源。积极养老不仅强调要对老年人一生学习和积淀形成的潜在优势和资源进行充分挖掘,还强调要通过社会外界的评价与肯定重塑老年人的信心和自爱意识。社会外界的评价与认可对老年人自我认同感的重塑具有直接推动作用,他们感受到被社会需要的同时也会认可自我价值的实现。积极养老以更自由、更有尊严的方式帮助老年人实现助人自助,并帮助老年人在助人自助的过程中享受作为一名社会成员应该享有的地位和角色,为老年人做他们能做的或能够学习为自己所做的事,让老年人在晚年依旧可以成为社会生活发展的参与者和贡献者。

二、智慧养老

(一)智慧养老内涵

智慧养老是以便捷智能的养老服务为特点的健康养老。智慧养老是通过科学技术的智能化手段,开发各个层面的养老系统平台,提供实时、高效、物联化、智能化的养老服务,同时将医疗服务、运营商、服务商、个人、家庭连接起来,更契合地满足老年人多样化、多层次的需求,提高老年人的晚年生活质量(杨菊,2019)。

（二）智慧养老解读

本研究从智慧养老的两个层面：搭建互联网＋智慧养老系统、积极推进医养结合服务对健康养老进行解读。

1. 搭建互联网＋智慧养老系统

运用物联网、移动互联网技术、智能呼叫以及 GPS 定位技术等先进信息技术，创建"系统＋服务＋老人"的养老服务模式，创新发展慢性病管理、居家健康养老、个性化健康管理、生活照护以及养老机构信息化服务等，让老人享受更智能且专业的照料。优秀的智慧养老系统拥有老人档案、健康管理、安全监护、护理服务、志愿者管理以及 GPS 定位管理等功能，还会为医生、护工、亲属以及志愿者等配备 App，对老人进行远程智能照护。智慧养老系统也为生活照料方面有困难的老人带来了福音。对于失能、半失能的居家老人，智慧养老居家养老系统会对其进行健康管理，提醒老年人吃药，并运用智能床垫、便携式健康一体机等智能设备对老人进行身体监测，一旦身体健康发生异样，系统就会进行预警，老年人还可以进行一键呼救，保障老年人的安全。

2. 积极推进医养结合服务

老年人的医疗卫生服务需求和生活照料需求叠加的趋势越来越显著，为老年人提供医疗卫生与养老相结合的服务尤为迫切。打通养老机构与医院之间资源割裂的状态，扩大养老服务与医疗服务的覆盖面，充分利用并整合现有的医疗资源，发挥信息技术支撑作用，通过将医院闲置资源改造成康复医疗机构，或推进医疗机构增设老年病科、临终关怀病床，或开办以老年康复、护理为基础服务的接续性医养结合型的养老机构。在传统养老理念中，"养"是唯一关注点，而医养则更加注重"养"与"医"的结合，将养老服务建设提升一个新层次，让老年人享受到有效衔接的医疗、养老、护理服务，真正实现老有所养、老有所医。

（三）智慧养老的特点

1. 降低人工照护成本

传统的养老服务产业主要用的是成本较高的居家照顾型人力服务，而智慧养老服务体系则是利用先进的技术设备和完善的网络，在一定程度上能统筹为老年人的居家、出行方便等方面通过人工智能、互联网、无人驾驶等智能设备和技术，来协助甚至替代人工照护帮扶，从而降低人力养老服务成本，同时也能够降低由于劳动力人口比例下降带来的风险，缓解人力养老服务资源严重不足的情况。

2. 响应快速且有效

同传统养老服务模式相比,智慧养老模式能够在生命、财产安全等诸多风险上实现实时监测预警,快速响应,以便能及时地帮助老年人这一社会弱势群体;智慧养老服务能够延伸人工养老服务的能力与效率,最大程度地去满足老年群体的需求,更快更及时地对老年群体的援助进行响应,还可以提高老年群体在日常生活中的安全系数。

3. 多方集成提高服务质量和效率

一方面,智慧养老通过互联网信息平台等应用将政府、社区、医疗机构、医护人员等多种为老年人提供养老服务的主体紧密地集成起来,合理地将老年人的生活照护服务需求统一整理收集并进行资源的分散调配,以便形成个性化且连续性的持续照护,来为老年人提供便捷、优质、低价的多样化养老服务。另一方面,与传统的养老服务模式相比较,智慧养老利用信息技术的集成运用,以一种实惠便捷的"包对点"新型模式来实时满足老年人的多层次需求,提高养老服务的效益、质量和效率,进而从家庭及社区层面创新社会保障形式,从个人层面落实社会保障内容,从多个层面完善社会保障体系。

三、文化养老

(一)文化养老内涵

文化养老是以传统文化与现代艺术结合的精神滋养为特点的健康养老。文化养老是传统文化与当代人文关怀相融合的一种养老方式,为实现既养老又享老的老年生活状态,提供给老年人物质赡养,政府、社会或家庭还要提供精神慰藉,使老年人身心更加积极健康,精神生活更精彩(沈勤等,2019)。相对物质养老而言,文化养老是养老事业的一项重要内容,是一种具有高境界的养老方式。

(二)文化养老解读

本研究从文化养老的两个层面:从老年教育、老龄工作岗位对健康养老进行解读。

1. 老年教育

近年来,老年人对老年大学的需求不断攀升。老年大学是时代进步的产物,它是基于积极应对老龄化、学习型社会建设、和谐社会构建等发展起来的。老年大学中开设智能手机应用、古诗词、政治理论等各类课程,以及诗词鉴赏、合唱团等多元化的社团,多样化的课程学习将传统文化与时代气息相结合,除文化课程外还有足球队、模特队、健身操等各项户外运动,不仅如此,随着科学技术的发展,老年大学利用网络平台开设远程老年教育,最大程度地满足老年人的文化需求,扩大老年人的人际交往,避免了老年人产生孤独感,帮助老年人在多样化的文体活动中增长知识、丰富精神生活、促进心理健康,达成老年人的既养老又享老的最佳状态。

2. 设立老年人工作岗位

通过设立老年人工作岗位以返聘老年人继续工作有利于实现老年个人价值与社会价值的双赢。一方面通过返聘愿意继续从事原工作的老年人,继续发挥老年人在原岗位的余热。以"师带徒"的方式将老年人长年积累的知识、技能和经验传授给年轻的一代,同时将"师带徒"作为一种传承文化不断创新传承,树立老有所为的自信心。另一方面,老龄工作岗位的设置,帮助老年人在离休后继续为社会创造价值,避免老年人出现离退休综合征。例如,维护公共场所秩序,负责街道、治安、卫生等各种有益于社会的活动和工作,老年人在新的岗位上可以接触到年轻人以及不同职业的人,老年人通过参与岗位工作,与一起工作中的他人相互沟通、交流,学习新知识,保持年轻心态,避免老年与时代脱轨心理落差感,更好地适应退休后新的社会角色。

（三）文化养老的特点

1. 老有所乐

文化养老依据老年群体生理及心理需求,积极开展丰富多样的文娱体育活动来让老年群体身心放松、精神愉悦、老有所乐,是实现积极老龄化和健康老龄化的一种有效途径。"学有阵地,乐有载体",老年群体通常会有意愿去参与广场舞、唱歌、太极、书法、影视、散步等多样化文体活动,社区等基层组织可为老年人创设如老年活动中心、休闲广场或公园、老年协会、老年社团等文娱体育平台及用地。老年群体能够心情愉悦地获取新鲜的知识与技能,提高自身文化修养;同时还能结识趣味相投的朋友,更好融入集体生活,摆脱孤独,体验趣味人生。

2. 老有所学

以文化促养老,通过老年大学、老年图书馆、老年艺术中心及网络教育等多种形式辅助的老年教育活动,满足老年群体对知识的渴望,真正地"活到老,学到老"。通过开设传统类文化、现代艺术与科技等多元化的学习课程来满足老年人多层次和多样化的文化需求,让老年群体掌握更多新技术并挖掘更多新兴趣,丰富自己的精神世界,更多地了解并更好地融入当今的信息化时代,使老年人的心态年轻化,从而可以更好地适应社会新发展,更加积极地融入社会。

3. 老有所为

文化养老运用老年群体的知识技能、社会经验等的潜在优势及资源，使老年群体实现老有所为，为社会发展发挥余热作用，实现自我价值和社会价值的统一。传统的社会观念认为老年群体丧失了经济能力和劳动能力，将其视为一种负担。然而，老年人在体力和精力上虽然不及年轻人有优势，但他们掌握丰富的实践经验和强大的人脉资源，新时代随着人均寿命的延长和学历水平的提升，对于那些热衷社会工作或有意愿重回社会的低龄老年人，应予以同样的关心重视，他们可以进行经验分享，会在这些力所能及的社会工作中收获成就感与自我满足感，成为社会财富的创造者，传递社会正能量。

四、生态养老

（一）生态养老内涵

生态养老是以良好的生态环境为基础的健康养老。生态养老是以绿色可持续发展为理念，以保护生态为前提，关注人与环境之间的和谐共生，这里的环境不仅指自然环境的生态化，还指人文生态系统的生态化，通过友好、和谐的方式而进行的健康养生活动，实现健康管理、养老体验、养老制度、养老认知等全方位平衡的幸福愉悦的新型养老方式（姜琛凯，2016）。

（二）生态养老解读

本研究从生态养老的两个层面——发展森林康养、推进"旅游＋养老"新模式对健康养老进行解读。

1. 发展森林康养

森林是人与自然和谐共生的纽带。森林环境作为传统医学手段之外的一种健康理疗途径，将森林资源与人类健康结合起来，可促进人体身心健康发展，利于人们康体养生，能够进一步提升国民健康指数。各地域以特有且宜居的森林资源及其景观、空气环境、食材等为主要载体，普及森林文化，开展以修身养性、调适人体机能、延缓衰老为目的的森林游憩、度假、疗养、保健、养老和教育等体验活动，能够增强老年人群体的获得感和幸福感。发展森林康养，亦是践行"绿水青山就是金山银山"理念，加强我国生态文明建设的时代要求，总体上森林康养作为一项新兴产业在我国处于萌芽阶段，但同时也是深受公众青睐的健康产业和幸福产业。

2. 推进"旅游＋养老"新模式

"旅游＋养老"是旅游业和养老业的跨界融合模式，这是基于老年人休闲养生的需求出发，有机融合了老年人的传统观光与健康度假方式，满足"候鸟式""旅居式"养老需求，集健康服务、旅游休闲、文化娱乐于一体，为老年人提供了一种高品质的休闲养老方式。旅游养老不同于一般的旅游方式,而是以老年人养老为主,不仅要求环境清幽安静、生活休闲娱乐服务完善,更重要的是要配备健全的医疗团队以及设施设备,可以为老年人做身体检查并应对老年人突发疾病的情况。老年人在游览风景名胜中享受清新的空气和干净的水,享受完善的医疗服务,还可以结交新的朋友圈子,有利于老年人身心健康,丰富晚年生活,提高老年人生活质量。

3. 生态养老的特点

1)良好的生态环境

康养理念下的生态养老模式就是让老年人在宜居且各具特色的生态环境下,通过相应的养生休闲及医疗、康体服务,实现长寿安康、幸福愉悦的养老方式。生态养老这一新型养老模式在应对老年人在老年生活和养老方式中的需求上不同于以往固定模式、固定特色、固定方法的传统养老体系,极大地提高了老年人的生活品质并增加了老年人对享受晚年生活的兴趣,提升了老年人在晚年生活中的舒适感和生活质量。

2)重视康养的理念与文化

随着生态文明建设和健康中国建设的推进,老年人对良好的生活质量及健康长寿的愿望也日益迫切,大健康、康养产业及健康养生文化得到广泛流行传播,生态养老及康养等养老模式亦得到广泛的关注及重视。不少老年人已把养老追求从物质层面的温饱转向精神层面的健康,生态养老及康养文化将引领我国未来养老方式的发展与转型。养老与养生、休闲旅游等相结合的养老服务形式将成为养老产业发展的主流,将会有越来越多的老年人成为生态养老的主体和养老产业的消费生力军。

3)多元化养老

生态养老可分为具有定居式特点的森林康养以及具有候鸟式特点的旅游养老两种模式。与传统的长期固定不变的养老方式不同,它可以与其他养老模式多线并行或者依具体情况切换养老方式,完全符合多元化养老方式的构建。比如在冬天,北方老年人受地理位置与气候等环境因素影响可以前往南方进行旅游养老,而开春后,老人再返回居住地选择家庭养老或社区养老的方式进行辅助养老。在经济条件允许的情况下还可选择机构养老给予老人更好的服务,亦可以依据地区的区域特色、风土人情等在生态宜居的环境购买自住房定居康养。根据老人的身体状况,给予老人年复一年的高质量养老生活。

第七章　中国健康养老制度创新路径

第一节　中国健康养老制度创新路径设计

本研究从健康养老理念构建：积极老龄化、老年人关爱行动、老年人与养老环境和谐共生；医养制度创新：医联体构建、深化家庭签约医生服务、完善医疗药品保障、全面推进中医养老；康养制度创新：互助养老制度深化、完善财政支持制度、定向创新养老制度、智慧养老制度深化；护养制度创新：养老服务人才激励创新、养老信用制度完善、全面推行长期护理保险制度、安宁疗护与养老有机融合等四个方面尝试构建中国健康养老制度创新路径。

第二节　构建积极养老观

一、积极老龄化

积极应对人口老龄化的思想观念在全社会都得到了增强。老年阶段仍然是人生的重要阶段，需要有快乐、有进步、有作为，因此要积极看待老年人、老年生活、老龄社会。为使老年人的生活、生命质量得到提高，使老年人尊严、权利得到维护，要有效地应对人口老龄化，以有效促进经济的发展，构建和谐社会。作为中华民族的传统美德，敬老、爱老一直都被挂在嘴边，但是行动却不能及，因此要大力宣传孝亲、敬老，加强敬老、爱老教育，并将其纳入社会主义核心价值观，从而建设具有民族特色、时代特征的中国特色孝亲、敬老文化。要在全社会开展人口老龄化国情教育、老龄政策法规教育，从而增强全社会接纳、尊重、帮助老年人的关爱意识以及自尊、自立、自强的老年人自爱意识。通过加强家庭建设，以优良的家风涵养敬老、爱老的传统美德，引导家庭成员自觉承担家庭养老责任，从而巩固家庭

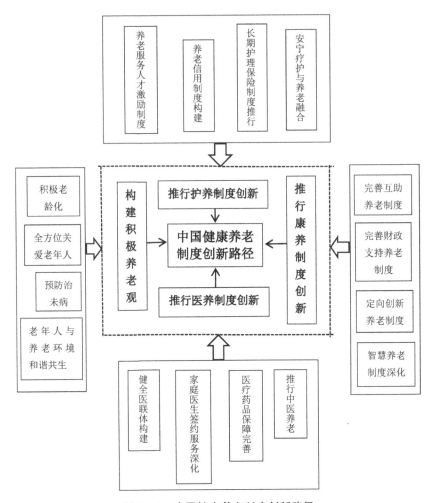

图 7 - 1　中国健康养老制度创新路径

养老的基础地位。

（一）推动老年人养老观念转变

更新老年人养老观念（张映芹、冯亚江，2019），传统观念认为老年人在年轻时参与了大量的劳动，退休之后需要注重养生，对身体进行调养才能使身体恢复更好的状态，不宜再进行劳动；同时传统观念认为判断孝顺的标准之一是老人退休之后是否继续进行劳动。政府转变老年人传统养老观念，养老更应该注重形式而非内容。大量实例证明，老年人退休之后不完全脱离社会工作，能保持更好的精神状态和身体健康。

加大对养老方式的宣传，以科学严谨的方式对居家养老、机构养老等养老方式的优缺点进行宣传普及，改变老年人对养老的认知，转变"不在家养老意味着不孝"等传统的观念,减轻老年人的心理负担,树立正确养老方式选择观,鼓励老年人根据自身情况选择合适的养老方式;在养老责任主体选择上,鼓励老年人降低对子女养老的依赖,鼓励城市社区居家养老与农村老年人邻里互助养老发展,强化政府制度养老认知,当前有很多"四二一"结构的家庭,年轻人需要照顾四位老人和子女,对青年人来说是很大的经济负担,也很难实现子女在老人身边进行照顾。政府支持老年人采取独立养老、政府责任养老和子女养老结合的形式进行养老,可以减少年轻人的经济负担。在养老内容选择上,更新老年人传统消费观,老年人在青年时期形成艰苦奋斗的消费观念,在吃穿住行等必要消费上比较节省,并不利于老年人的健康生活,采取政府购买服务的形式对老年食堂、居家养老服务、农村幸福院进行补贴,降低老年人的经济负担,鼓励老年人使用养老服务,培养老年人适度消费习惯。

（二）提高老年人主动参与养老意识

鼓励老年人主动参与养老,能够促进老年人参与感的提升,增强老年人的满足感。积极老龄化强调老年人不断地进行社会参与,老年人进行社会参与已经成为解决老年人养老问题的普遍共识。要提高老年人主动参与养老意识,就需要分析其诱因、动力和责任等因素,切实增加老年人主动参与养老的机会,从而强化老年人主动参与养老的心理认知。对老年人进行权利意识、法律意识的教育,鼓励老年人充分运用法律赋予的知情权、表达权等权利,积极参与社会服务,增强老年人责任意识和社会参与感;在尊重老年人选择的基础上对老年人社会参与进行引导,鼓励老年人"弹性再就业""再创业"等内容,将老年人拉回社会活动的中心(朱怡洁,2019)。对是否获得经济报酬将老年人再就业划分为公益休闲活动和再就业活动,针对不同需求的老年人分别提供引导。

对于从事公益休闲活动的老年群体来说,政府鼓励老年人在本社区或农村居委会形成具有义务性质的组织(向倩文,2020)。一方面,组织老年人参与社区或农村居委会管理,为社区工作提供帮助,减轻社区组织人员不足的压力,同时老年人可以对社区组织起到监督作用;另一方面,组织老年人参与社会公益活动,通过实行弹性工作时间,让老年人从事交通协管员、小区管理员、义工活动等工作,在帮助老年人充实生活的同时可以帮助老年人获得成就感和满足感,帮助老年人形成主动参与养老的意识。

对于从事经济报酬岗位的老年群体来说,政府要发现和实现老年人的价值。由于老年人年龄较高,身体素质无法满足高强度的工作,过度劳累损害老年人身体健康,要充分发挥老年人的优势,利用其娴熟的技术、丰富的经验以及社会关系网络等让老年人从事与退休前相关的职业,让老年人参与到工作的监督和管理中,参与到公司的岗前培训中,发挥老年人的优势;鼓励企业吸收老年人参与到劳动强度较低、专业技能依赖低的岗位,可以减少企业的员工工资支出;支持农村老年人从事具有当地特色的工作,比如编织、刺绣等。老年人再就业可以弥补年轻人不愿意从事的岗位的空缺,完善我国就业结构。

对于老年人创业的群体来说,政府要为老年人提供政策优惠和顾问支持。鼓励老年人退休后贡献社会为社会创造价值,提供工作岗位,同时要为老年人创业保驾护航。政府要对老年人创业进行审核,鼓励老年人进行微创业,支持老年人从事资金投入较少,有一定回报的工作,比如婚恋介绍所、诊所、花卉种植、家禽养殖等工作;老年人年龄较高,不适合在风险较高、投入大、回报率慢等行业进行创业,政府要对这些老年人进行引导;老年人年龄较大,行动效率较低,在进行创业时不能面面俱到,政府设置专门的顾问机构,设置专门的热线为老年人提供创业解答,同时对进行创业的老年人进行培训,防止老年人遇到诈骗等情况,在办事大厅设置专门接待老年人创业办事窗口,为老年人创业特事特办。政府要为老年人创业提供政策支持,减免税收,保护老年人创业成果。

二、全方位关爱老年人

(一)构建关爱制度体系

加强全方位关爱老年人制度体系建设,完善全方位关爱老年人服务制度体系,根据实际情况健全对关爱体系制度设计,加强科学立法工作,同时关注关爱制度体系的执行与落实情况,确保其扎实落地。完善养老消防审验制度、教育培训制度、职业等级认定制度等与老年人关爱制度相配套的其他法律制度,实现关爱制度体系内各项制度相互促进、互相补充。完善全方位关爱制度体系,坚持构筑"家庭—社区—社会"关爱格局,充分发挥家庭情感关爱、居家养老服务关怀和社会温情对待的交互作用。要更加清晰界定各相关主体的权责,防止越位、不为、推诿等问题,鼓励政府和社区居家养老服务机构运用赋予的权力提供更好的服务,充分发挥各个养老服务供给主体的作用。调查老年人的养老服务消费、需求等,摸清底数,建立老年人信息台账。建立对独居、空巢、留守老年人的定期巡访机制,推广"养老服务顾问"模式,为老年人及其家庭提供政策咨询、服务指导。将具备资质、服务能力的社会组织,纳入政府购买服务使其成为服务的承接主体,鼓励其接受委托,同时考虑到老年人的特殊情况,依法为其办理入住养老机构、就医等事务。

（二）积极推进养老服务社会化运营

在全社会共同努力下真正实现老有所养、老有所医、老有所乐、老有所为。养老问题仅仅靠政府"大包大揽"是行不通的，更需要社会共同参与，共同治理。政府、企业、社会组织拧成一股绳，大力推进社区养老社会化服务建设，探索适合本地养老的新模式，落实社会化服务项目，更好地满足老年人多元化的养老服务要求；全面开展家庭医生签约机制和医联体建设。社区养老以家庭养老为主，家庭医生便成为老年人的"守护神"。借助科技力量，搭建家庭医生服务的平台，使老年人获得完善的医疗电子信息档案、电话咨询、上门问诊等服务，形成"大病去医院，小病看家庭医生"的看病模式。农村养老以家庭养老为主，互助养老为补充，在自然村设置村卫生院，为老年人健康保驾护航，完善农村医疗档案，最大化发挥村医日常疾病治疗的作用；丰富老年人文化体育活动。政府鼓励支持社会创办老年大学、老年社团，为老年人"走出家门"提供更多的选择，满足老年人乐享生活、追求生活的权利。增强基础设施建设，增加公园、健身路径等活动场所的资金投入，为农村老年人建立村民健身活动交流中心，为老年人健康的生活方式开路；鼓励老年人在"新"岗位上实现价值。提供再就业服务，为愿意用自己长年积累的知识、技能和经验的老年人提供岗位，继续发挥人生价值。提供志愿服务，从事各种有益于社会的活动和工作，如维护公共场所秩序，负责街道、治安、卫生工作等。

（三）开展老年健康服务

充分发挥现有医疗资源优势，要求所有医疗机构支持和发展养老服务，做好老年人口慢病防治和康复护理，满足老年人的康复治疗需求。建立全民电子健康档案，开展 65 岁以上老年人免费健康体检，体检项目包括血糖、血脂、肝功能、心电图、B 超检查等项目，为老年人进行健康管理服务，实现医疗健康服务和居家养老相融合。定期组织高水准医院下乡支援行动，主动为医疗水平较低的农村地区老年人进行检查，治未病。同时，针对不同老年人群和收入水平，区别对待，分类保障，制定不同养老服务标准，推动老年福利制度的完善。对于部分孤寡老年人，特别是那些没有劳动能力、没有生活来源、没有法定赡养人的老年人，政府除负责保障他们的基本生活外，应提供无偿的养老服务、老年健康服务。对有一定的固定收入或经济来源的，经济条件较好并愿意到养老机构接受养老服务的老年人，可采取市场运作，政府补助的模式，为老年人提供老年健康服务。

（四）探索多样化机构养老服务

针对机构养老模式,深化公办养老机构改革。坚持公办养老机构公益属性,坚持老年人可以真正的老有所依。在使政府兜底任务得到保障的前提下,允许向社会开放剩余的床位,对其收费指导的标准进行研究制定,并将这部分床位的收益作为特殊老年群体养老服务的保障。建立健全有关公建民营类养老机构的规章制度和保障措施以支持其发展,鼓励引导社会力量参与养老服务供给和运营管理。同时拓宽机构养老供给渠道,探索多样化养老服务模式,搭建智慧养老平台,支持社区、居家与机构养老融合,运用大数据、物联网、云计算、远程智能安防监控技术等新兴技术,加快建设养老服务信息系统,开发智能终端与 App 应用,以解决当前养老机构发展滞后、数据化水平低等问题,提高养老机构管理服务水平。此外,以养老服务中心为依托,形成机构带中心的养老服务辐射圈,构建全方位、多层次关爱老年人的社会环境,加快老龄事业和产业的健康发展。

三、预防治未病

（一）加强老年人疾病预防控制体系建设

老年人疾病预防控制体系是预防和控制传染病、流行病以及加强老年人健康管理的有效手段之一。

首先,推动重大疾病防控工作。一方面,落实好老年人高血压、高血脂、冠心病、糖尿病等疾病的防治工作,定期对老年人身体健康进行排查,及时发现及时治疗。另一方面,与医院加强医疗合作,建立老年人防控中心、大型医院与社区医院多位一体的"预防—治疗"体系,发挥基层医疗在老年人疾病预防与治理的重要作用。其次,发挥对流行病和传染病的控制作用。遇到突发的传染病时,老年人疾病预防中心要及时地对传染病进行调查,在老年人治疗的同时对传染源和传染途径进行调查以及接触感染人员的老年人进行访问,与社区进行合作,接触者进行观察,及时切断传染链条,保障老年人的健康。最后,加强实验室能力建设。进一步加强实验室建设,规范实验室管理。重点建设微生物检验、理化检验、传染病确证等实验室,并做好生活饮用水卫生监测信息发布。争取项目和资金支持,购置必要的检验检测设备,提高检测能力。加强实验室队伍建设,按国家有关疾控能力建设要求增加人员编制,配备检验人员。

（二）加强老年健康教育宣传

举办健康教育与咨询专题讲座。定期或不定期地面向社区以及农村老人开办心理健康教育与咨询专题讲座,专题明确、通俗易懂地介绍心理健康基础知识和常用自我心理保健方法,普及心理健康知识和宣传心理健康咨询服务。全面增加老年人对健康相关知识的熟知度,增加其自控能力,让老年人在日常的生活中养成健康的行为习惯、生活方式。让老人正确地认识疾病的发生、发展,对"假医生"或一些不良的广告宣传有一定的辨别能力,利用所学的知识更好地进行自我监护、保健,掌握全科知识、科学合理用药,并积极参加各种适合自己的活动。开展老年人健康巡讲、宣传义诊、发放健康宣传资料、每年开展老年人健康监测工作、定期为辖区老年人开展健康体检、健康咨询、建立老人健康档案、加强对慢病人群的健康管理。引导老年人充分认识到健康生活方式的重要性。

加强新闻媒体宣传。电视台开设《老年健康教育》栏目、老年健康教育公益广告,报社开设《老年健康周刊》栏目;市民广场、村委会活动中心等人流量聚集地开设老年健康教育宣传栏。针对老年人健康方面设置特定的宣传栏,开展个体化健康教育、播放音像资料。在公共场所,社区、小区设立特定的老人健康教育宣传栏,增强老年人的健康素养意识。

（三）坚决打击虚假医疗

官方定期组织义诊。在社区或公园常常能看到"免费医疗测试或试用"、报纸和电视上经常有夸大其词的药品广告、广播的频道里有几乎不间断的各种医疗讲座、网上有价格奇高的特效药、公交车里或站台上很多专科医院夸大的医术等等。这些不良信息氛围是影响老年人甚至其他公众心理问题的诱因之一,政府管理部门应该切断这种不良信息源,在加强立法、条例、规则建设的同时,更重要的是加大执法检查和打击力度。对医疗机构和医务人员的资质要严格审查,对医疗广告的投放要严格把关,尤其对举办免费测试、热线讲座的机构要加大准入限制和检查力度。在打击虚假医疗的同时,政府组织社区的医院定期为老年人免费进行义诊,对老年人基本健康情况进行检查,推动定期义诊常态化建设,推动老年人定期检查身体意识的形成,通过问诊的方式询问老年人最近身体情况,对老年人的日常饮食习惯进行指导(王刚,2016),及时与老年人沟通反馈。

（四）鼓励老人接种疫苗

开展疫苗接种是世界卫生组织建议的预防老年人常见多发疾病发病的手段之一,疫苗可以阻断一部分传染疾病,为家庭减轻大量的经济负担,保障了老年人的健康。老年人退休后只有少量的养老金,无法保证短时间内购买使用多种疫苗。针对这个问题,有两个解决方法:一是为老年人实现免费接种疫苗。由政府统一采购,按照自愿接种原则,免费提供给老年人接种,快速提高老年人疫苗接种率。二是将疫苗纳入国家医保体系,减少老年人对疫苗的花费。同时实行实名制档案管理办法,为老年人每次接种记录时间,提醒老年人定时接种疫苗,防止老年人重复接种造成浪费。

四、老年人与养老环境和谐共生

(一)加强相关监督

政府作为养老服务的主体之一,需要承担引导和推动养老发展、规范养老服务运行、加强对养老服务监督的作用。首先,政府要引导养老产业的发展,通过制定规划,推动养老产业向高质量和高标准方向发展。政府可以通过优惠政策的形式引导养老企业参与到市场需求高的项目,强化养老市场的供给,弥补养老服务供给结构缺失。其次,政府要规范养老服务和监督养老市场。一方面,政府建立科学的评估体系,对养老机构基础设施等指标进行规范,制定养老服务标准,确保我国养老服务的质量。另一方面,政府加强对养老市场的监督,依法取缔提供假冒伪劣养老服务的企业,同时加大对这些企业的处罚力度。最后,政府加大对养老的投入,激活养老事业的活力,提高养老服务的供给量。政府通过财政政策和税收政策,增加养老财政投入,同时使用减免税收、为养老机构提供房屋等方式减轻养老经济负担,增加养老企业的收入。

(二)统筹城乡区域发展

破除养老服务在城乡、区域发展不平衡的局面,实现供给平衡。一方面,政府加大对养老服务欠发达地区的投入,通过转移支付的手段为落后地区的养老提供资金支持,采取先确保数量再提高质量的方式将欠发达地区的养老服务发展起来,让大部分人都能够享受到养老服务,当欠发达地区养老服务发展到一定数量时,推动养老服务朝高质量的方向发展,从而改变养老服务地区间不均衡局面。另一方面,加大对乡村养老扶持力度,在乡镇增加养老机构中心缓解农村养老压力,根据乡村地域布局和村庄人数,在村庄附近建立养老服务中心,同时为农村居家的老人提供居家养老服务,解决农村养老问题,实现城乡养老平衡。

(三)实现养老服务供需实时动态平衡

加强平台建设,平台的建设需要建立在完善系统的基础上,全面地掌握养老需求和供给,同时借助 AI(人工智能)进行计算,才能实现整个养老系统的平衡。要打破信息不对称局面,建立信息整合机制,将老年人的需求进行收集,将信息进行透明公开。由各企业进行生产,企业将生产数量上传至平台,平台采用可视化形式公布养老市场供需匹配情况,企业根据情况追加或者减少生产,降低部分养老服务过分充足或者供给较少造成的市场紊乱。借助人工智能系统,对历年养老市场的需求情况以及老年人的生活习惯进行分析,精准预测养老服务市场的需求和供给走向,当人工智能系统发现较大偏差后,对养老服务产业进行预警,通过企业自主调整产能的形式保证养老市场的妥善运行。借助"区块链"技术,保证信息的安全。采用分布式记账的形式,促进信息透明公开,杜绝某些企业先获得信息进行生产的行为,保证养老服务市场的公平。

（四）保障充足的养老服务供给

全面放开养老服务的市场,以推动养老事业的发展,对养老服务业实行"放管服"的改革,对养老的基础设施进行投融资机制的创新,使更多社会力量参与到养老服务业的建设中。进一步放宽民间资本和社会力量申请举办养老机构的准入条件,鼓励资本探索农村养老市场,加强开办支持和服务指导,认真落实对民办养老机构的投融资、土地、人才等扶持政策,依规定落实税收优惠减免。推动养老机构呈现规模化、连锁化的发展,对养老服务商标品牌依法进行保护。若与住所属同一区县市场监管部门,养老机构在住所外设立的经营场所可以直接申请备案。非营利性的养老机构可设立多个不具备法人资格的服务网点,但必须依法在其登记管理机关管辖范围内。鼓励各地与养老机构进行主动对接,对养老服务设施的专项规划提前介入,以扩大养老机构的规模。鼓励境外资本投资养老服务业。大力发展养老机构的过程中,政府主导作为养老发展的主体,民办民营作为养老机构的补充,大力发展社会养老服务机构。鼓励和支持集体、个体、私营等非公有制经济实体兴办老年公寓、老年活动中心、托老所等养老服务机构,实行多元化的养老模式。要建立健全政府、集体、社会和个人相结合的投入机制,不断加大对老年养老服务机构扶持力度,以满足养老服务的多样化需求。对养老机构的行政管理法律法规进行不断的完善,推动养老机构建设的规范化、养老服务体系标准的制定,推动养老事业的健康发展。

打造健康养老产业链,强化产业支撑。要鼓励企业开发健康养老的新产品,同时这些新产品要利用新技术、新工艺以及新材料,鼓励企业、养老机构依据不同老年群体的不同需求对服务模式加以创新,为其提供个性化且专业化的健康养老产品和服务,以适应市场的多样化需求。为使健康养老产业总体规划更具科学性、前瞻性,各地方应结合当地实际,科学制定发展规划及实施细则,充分发挥当地特色优势,促进新兴健康养老产业培育和发展。同时要健全人才队伍培养机制,加强人才间交流互通,在高校设立相关专业培养健康养老产业人才,加大专业人员的储备规模。在技术、管理、人才等方面建立公立医疗机构、非公立医疗养老服务机构、基层医疗卫生服务机构的交流共享机制和长期合作机制。加强对从业人员的教育培训,提高其综合素质,同时拓宽人才引进渠道,放宽人才准入门槛,并给予从业人员相应的制度保障,以促进健康养老人才市场的发展。

第三节　推行医养制度创新

一、健全医联体构建

新一轮医药卫生体制改革实施以来,我国全民医保体系逐渐健全,基层医疗卫生机构服务条件显著改善,基层人才队伍的建设不断优化,长期薄弱的基层服务也逐步得到改变,基本医疗卫生服务公平性和可及性明显得到提升。但与此同时,改善基层医疗卫生情况是一项长期艰巨的任务,我国优质医疗资源总量不足、结构不合理、分布不均衡的现象依然存在,并且已经成为我国保障人民健康和深化医疗卫生体制改革的重要制约因素。为发挥三级医院专业技术优势及带头作用,开始探索建立大医院带社区的服务模式、构建涵盖医疗、康复、护理的服务体系,以推进社区卫生机构服务能力的提高,推进康复和护理机构的发展,构建分级医疗、急慢分治、双向转诊的诊疗模式,促进分工协作以合理利用资源、方便群众就医,医疗联合体开始出现在公众的视野中。在 2011 年上海首个区域医疗联合体在卢湾区签约启动,在建立医联体之后,医联体内就医的便捷性更为突出,如有完整的健康档案,可以优先享受门诊、住院的转诊通道,可在社区预约专家门诊等,与此同时居民也可以持医保卡在全市各医院就医。北京于 2013 年开始全面探索区域医联体模式,在远程会诊、双向转诊、信息互通等方面对医联体构建进行了初步探索并取得了一定成效。2017 年 5 月国务院办公厅印发指导意见,全面启动医疗联合体试点,开展医疗联合体建设,是深化医疗卫生体制改革的重要步骤和制度创新,对调整优化医疗资源的结构布局、促进医疗卫生工作重心的下移和资源的下沉、提升基层的医疗服务能力、促进医疗资源的上下贯通、提升医疗服务体系的整体效能、实施分级诊疗和满足群众的健康需求都有一定的效果。

（一）构建多种形式的医联体组织模式

为了使医联体发挥更大的效用,依据不同区域的实际特点,构建不同形式的医联体组织模式,主要从城市地区、农村地区、跨区域、边远贫困地区几个方面来对医联体组织模式进行分析。

1. 在城市地区组建医疗集团

城市是经济相对比较发达的地区,享受着更加优质的医疗资源,因此可以由上级医院带头,为了实现资源的共享、分工协作,利用上级医院业务能力较强的优势,与基层卫生服务机构、护理院、康复机构等联合。在医疗集团内业务能力较强的医院可以为其他医疗机构提供人才支持、技术支持、处方支持等,其他医疗机构也可利用这个机会来提高自身的服务能力。

2. 在农村地区组建医疗共同体

相对于城市,农村的医疗资源比较欠缺,因此在农村地区重点探索一体化的管理方式,让县级医院、乡镇卫生院、村卫生室形成联合体,利用县级医院的在城乡间的优势,发挥其纽带和带头的作用,促进县乡村三级的医疗卫生机构的分工合作,促进三级联动医疗服务体系的构建,推动乡村医疗卫生服务能力的提高。

3. 跨区域组建专科联合体

医疗机构在不同区域内拥有的专科优势是不同的,因此可以把不同医疗机构的专科技术力量作为支持,全方位地发挥国家相关医疗机构的纽带作用,各区域的医疗机构以专科协作为纽带形成专科特色医疗联合体,重点提升对特殊疾病、重大疾病、传染疾病的救治能力。同时在城市与农村之间,也可以城市的医院为主体单位,因为他们的业务能力相对农村较强,从而建立一种长期的、在医疗服务方面的对口支援关系,业务能力较强的城市医院要派驻管理团队到农村地区,侧重于县级医院医疗服务能力的提升。

4. 在边远贫困地区发展远程医疗

为了使医疗资源的公平性在我国实现,边远、欠发达地区的医疗卫生服务能力的提升,要注重对基层、边远和欠发达地区远程医疗协作网的发展,鼓励由有实力的医院带头,通过提供远程医疗、教学、培训等服务,为偏远欠发达地区提供帮助,以促进我国医疗机构的整体服务能力的提高。

(二)明确医联体内部的分工与合作

1. 促进医联体管理、协作制度的完善

对医联体内部的章程进行明确,对带头的医疗卫生机构以及其他医疗机构的权利和义务进行明确,以提高管理效率。同时医联体可探索在医联体内部层面成立委员会以推进各有关部门统筹协调、合作,相关的配套文件的及时出台,以保障改革措施有效落实。医院改革、医保支付方式改革、分级诊疗制度建设等体制机制创新都可以通过医联体的建设来带动。对医联体进行监管的各相关部门也要加强监管,医联体组织的管理、分工协作制度也要明确,如价格部门要对于医药价格的政策进行完善、财政部门要对相关的财政补助政策进行完善、人力资源保障部门要注重监管医疗卫生服务,从而推进体制机制创新等方面的改革。

2. 医疗机构要清晰服务的定位

在医联体内建立责任共担、利益分配的模式,使医联体内的各医疗机构的积极性充分发挥,各医疗机构要清晰自己的服务定位,常见病、病情稳定的慢性病患者的数量,在业务能力较强的医院就医可以适当地减少。而诊断明确、病情稳定的慢性病患者、康复期患者、老年病患者也可以选择到基层的卫生医疗机构、康复机构、护理院等进行治疗、康复、护理。同时村卫生室也要推动医疗卫生服务能力的提高,使当地村民在医疗服务方面的需求得到满足,同时要兼顾疾病预防控制工作。

3. 推进家庭医生签约服务稳步发展

加快医联体内家庭医生签约服务的推进,把老年人、孕产妇、慢性病患者等作为重点人群优先纳入服务范围,通过家庭医生签约服务的推广,来满足多样化的健康需求。在医联体内,利用签约服务,鼓励和引导居民到基层首诊,上级医院要对签约患者提供一定的优惠服务,如优先接诊、检查、住院等服务。同时为加强基层和上级医院的联系,采用延伸处方药的时间、集中配送等形式,这也减少了患者就近就医取药的时间。

4. 患者连续性诊疗服务的提供

引导护理院、康复机构等加入医联体,在医联体内部建立转诊机制,缓解了大医院的患者压力,因此可以把重点放到大医院向下转诊通道的疏通上,恢复期、稳定期的患者可以选择转诊到下级医疗机构继续治疗和康复,促进医疗卫生与养老服务的融合,从而使患者享受到便利化、一体化、连续性的医疗卫生服务。

(三)完善医联体的相关保障政策

1. 明确在医联体中政府的主体责任

政府通过财政资金支持力度的加大,对医联体发展的不足进行弥补,使区域内的医疗服务能力、地方医院的综合能力、远程医疗的协作水平得到提高,充分发挥医联体对基层的作用。明确地方各级人民政府的主体责任,公立医院落实投入政策,同时充分利用医联体在技术、人才培养等方面的优势,吸引社会上医疗机构的加入,使医联体可以在更大的范围内发挥作用。同时政府要加大对医联体的宣传,地方各级人民政府要保证政策培训在医疗机构管理人员、医务人员之间开展,从而达到思想的统一,形成共识。同时也要充分利用公共媒体传播速度快、范围广的优势,使更多的人了解分级诊疗和医联体的建设,使社会的认可度和支持度得到提高、群众的就医观念与习惯得到改变,从而形成合理有序的就医格局。

2. 进一步发挥医保的调节作用

合理利用医保在供需双方之间充当纽带作用的优势,在不同层级的医疗卫生服务机构之间形成一定的报销差距,例如在农村地区,提高乡镇卫生院的医保报销比例,使基层首诊的吸引力得到提高,从而达到形成合理有序的就医格局的目的。在医联体内探索医疗机构最便捷的就医支付方式,这也可以引导患者在医联体内部进行转诊,从而起到医疗资源下沉的作用。

3. 完善医疗工作者的保障和激励机制

按照相关政策的规定,对医联体内部的医疗机构绩效工资的政策进行完善,从岗位职责、工作业绩、实际贡献来健全激励机制。医院拥有自主选择用人的权力,实行灵活的用人机制,可以按照实际需求设立相应的岗位并进行招聘。对人事管理制度进行创新,完善相关的晋升政策,对相关医疗工作者进行科学、合理的评价,对医务人员的职业发展前景进行拓宽。

4. 建立科学的绩效考核制度

通过考核和制度约束的增加,建立合理、有效的医联体考核指标体系,重点考虑在其他医疗机构中医联体的辐射带动作用的发挥、优质医疗资源下沉情况等,考核体系要包括:优质医疗资源的下沉情况、基层首诊取得的效果、双向转诊成功的比例、居民的满意度等,促进有业务能力的医院对相关责任的履行,主动对农村进行帮扶。同时充分利用考核评价的结果,使其成为人事任免、评优评先等的依据,与医务人员绩效工资、进修、晋升等挂钩。

(四)促进城乡医联体内部资源的互通

1. 促进医联体内部优质人才的流动

对于城乡医联体内部人才等资源进行统一调配,充分利用现有的人力资源。对医联体内部的薪酬分配制度进行统一规范,激发城乡医务人员的工作积极性。鼓励医联体内部人才的互通,特别是由业务能力强的医疗机构对农村基层医疗卫生机构分派相关人才。

2. 提升基层医疗卫生服务的能力

充分发挥业务能力强的医院的引导作用,根据城乡居民对健康的不同需求,分配出医务工作人员对其进行专业的业务指导、科研项目协作等多种方式来达到优质医疗资源共享、下沉的目的。

3.统一的现代化信息平台建立

利用现代信息技术支撑医联体的建设,通过对统一的人口健康信息平台建设,推进城乡医联体内部医院的统筹管理,建立医疗服务信息平台,建立电子健康档案、电子病历,以实现信息共享,达到城乡医联体内部各医疗机构患者信息的互联互通。共享区域内居民的健康信息数据,有利于开展预约诊疗、双向转诊、远程医疗等服务。医疗服务水平的整体提高,要特别注重对农村地区远程医疗作用的发挥,实现优质医疗资源下沉到农村基层医疗机构,探索实行远程医疗的收费、支付政策,实现远程医疗服务的可持续发展。

4.对区域内的技术资源进行共享

通过建立医学影像中心、检查检验中心、后勤服务中心等部门,实现对医联体内的各医疗机构服务的一体化。在注重提高医疗质量的基础上,医联体内部的各医疗机构间可以互认检查结果。

二、家庭医生签约服务深化

面对日益严重老龄化的现状,我国医疗卫生服务的重点已经转向了健康管理,家庭医生签约服务作为深化我国医疗卫生改革、缓解我国老龄化的一项重要举措,出现在公众的视野中。近年来,我国家庭医生签约服务已经取得了一定的进展,但签而不约的现象依然存在。

（一）加强家庭医生签约服务人才队伍的建设

1.多渠道引进人才壮大全科医生队伍

一方面体现在对全科医生的培养上,可以扩大全科医生专科、本科、研究生的招生规模或者医学类学校也可以增设全科医生类的专业,通过定向培养、学费优惠、工作安排等优惠政策吸引更多学生报考全科医学的专业,同时也要加强对全科医生的宣传,提高社会对全科医生的认可度,也可以使更多的人才愿意从事全科医生的职业。另一方面体现在全科医生的培训上,对于已经从事该职业的医生,可以通过定期参与培训的方式来提高他们的业务能力,家庭医生签约服务会对医生的业务能力、心理素质等方面提出更高的要求,只有培训合格的全科医生才可以上岗,培训内容包括常见病、慢性病的诊治以及急诊知识、康复知识等,同时也可以鼓励退休医生通过讲座、案例讨论、临床实践等方式对对全科医生进行指导和培训。

2.鼓励社会力量参与签约服务

可以通过扩大家庭医生签约服务的供给量来推动家庭医生签约服务的发展,为满足居民多层次、多样化的健康服务需求,鼓励社会上的医疗机构如护理院等,在签约服务中发挥积极的作用。同时也可以鼓励在职医生、退休医生到基层卫生医疗机构服务,私人诊所也可以与居民签约,政府部门要做到平等对待公私机构,严格把控私人诊所的资质、价格定位、服务标准等方面的内容。同时鼓励在职全科医生、退休医生等到社区、农村坐诊,同时在社区医院和村卫生室开展家庭签约医生服务,一方面可以对家庭医生签约服务进行宣传增加城乡居民对家庭医生签约服务的了解,另一方面也可以增加城乡居民对全科医生服务能力的认可,从而提高家庭医生签约服务的效率。

3. 改革全科医生的收入分配制度

坚持多劳多得、优绩优效的收入分配原则,激励全科医生为居民提供更多、更优质的服务以提高家庭医生签约服务的签约率、增加居民对家庭医生的信任,同时也可以通过全科医生待遇水平的整体提升,增强该岗位的吸引力。

(二) 推动互联网＋家庭医生签约服务的建设

1. 构建网络化信息平台

各地要结合卫生健康信息平台建设,加快签约服务信息系统建设和应用,在城市进行推广,在农村地区进行探索实施。为实现居民的在线签约、健康咨询、预约就诊、健康管理、查询报告等服务,要充分利用互联网、手机App 等现代信息技术的优势。同时推动上级医疗机构与基层医疗卫生机构之间的信息整合,利用信息化手段采集家庭医生团队的签约数量、服务质量、签约居民满意度等信息,在网络信息平台上建立健康档案、电子病历等,使上下级医院之间可以更方便地相互转诊,避免造成医疗资源的浪费,也可以更加方便患者就诊,也可以增加居民对家庭医生签约服务的了解,实现签约居民健康数据的共建共享。

一方面可以通过短信、微信等渠道,为签约居民推送个性化的健康教育信息,增加签约居民的感受度,另一方面也可以通过微博、短视频等方式发布健康教育等方面的信息,以提高未签约居民对家庭医生签约服务的接受度。同时也要考虑到老年人特殊情况,可以开发适合老年人使用的、操作比较简单的电子设备,可以帮助老年人日常买菜、买药等,以方便老年人的日常生活也要具备紧急呼叫的功能,使老年人在紧急情况下可以第一时间进行求救,工作人员可以第一时间赶到现场。

2. 加强对网络平台的监督与管理

网络化信息平台的建设一方面可以提高家庭医生签约服务的效率、提高家庭医生签约服务的质量,但是另一方面网络化信息平台的建设也增加了患者信息泄露的风险,因此要定期对信息平台进行维护与检查,加强日常的监管,对于信息平台的工作人员也要加强教育培训,避免造成信息的泄露。为解决技术上的问题也可以吸引社会上互联网创业公司的加入,以提高信息平台的安全性。

（三）完善家庭医生签约服务的政策保障

1. 确定合理的签约服务费用

各地要对签约服务费用的标准进行明确,签约服务费主要包括医保、签约居民付费。同时要注重民政、残联、妇联等部门在推广家庭医生签约服务中的作用、商业保险等对家庭医生签约服务的补充作用。通过与各地价格主管部门的协调,对家庭医生签约服务的相关项目价格进行调整,农村地区的家庭签约医生服务施行部分服务项目免费,城市地区的家庭医生签约服务项目的价格保持在居民承受的范围之内,特别是对于老年人来说,他们的收入比较单一,需要政府对这一类人员进行补贴,要实行差异化的补贴政策,对于年纪比较大的老人实行高龄补贴,对于特殊家庭状况的如空巢老人、独居老人、家庭贫困的老年人都要实行不同程度的补贴。

2. 完善医保支撑政策

各地相关部门协调建立医保报销政策,该政策在符合实际的同时,也会增加家庭医生签约服务的吸引力,要注重对医保杠杆作用的发挥,从而保障差异化医保支付政策的实现,而这种差异又在合理的范围之内,拉大上下级医院之间的报销比例差距,利用基层医保报销比例的优势引导居民到基层就诊。

3. 融合养老与家庭医生签约服务

当前我国家庭医生签约服务的政策呈现分散化、碎片化的特点,家庭医生签约服务的政策都分散其他的政策中,对目前碎片化的老年人的家庭医生签约服务的政策文件进行系统的整合,政府要对老年人家庭医生签约服务进行专项立法,明确老年人家庭医生签约服务机构准入、质量标准、人才培养等相关规范,建立全国统一标准,进行标准化建设,各地可依据各地的实际情况,在中央制定的标准的基础上建立符合本地的标准,同时相关政策制定过程中要明确权责关系,避免出现权责不清、互相推诿等现象。

（四）完善家庭医生签约服务的激励监督机制

1. 加大对家庭医生签约服务的监督与管理

行政部门要加大对签约服务的考核,相关部门要完善家庭医生签约服务的考核评价制度,要注重对考核评价工作的组织,各地的行政部门要定期进行考核,对象是辖区内的基层医疗卫生机构的签约服务工作的开展情况,考核的内容包括签约对象数量、签约对象的比例构成、服务质量、签约居民到基层首诊的比例、居民的满意度等,考核的结果要与绩效工资、薪酬挂钩,特别是基层医疗卫生机构的主要负责人。要对基层医疗卫生机构的家庭医生签约服务的管理考核工作进行不断的完善,考核指标包括家庭医生团队服务对象的数量、履约率和续约率、服务的质量、签约居民满意度等,考核的结果要与家庭医生团队、个人绩效的分配挂钩。

2. 建立居民的信息反馈制度

充分发挥现代化信息手段的优势,对数据的采集、分析、利用的真实性和准确性进行提高,通过建立基层医疗卫生机构畅通的、便捷的信息反馈渠道,对签约居民的投诉、建议进行及时的处理,这也是家庭医生团队绩效考核内容。同时,为保证评估结果的准确性,可以利用中介评估机构,出第三方评估考核机构对家庭医生签约服务的服务质量、服务内容、签约率等进行考核评估,以保证考核结果的公正性、准确性。

3. 加强监督

对家庭医生团队开展的诊疗活动进行监督,保证其符合国家相关法律法规、政策的相关要求,对于从事不符合法律法规及政策的活动的全科医生及家庭医生签约服务团队应依法进行处理,从而推动居民对家庭医生签约服务的发展。

三、推进医疗保障体系完善

城乡居民医疗保障对老年人的健康生活起着十分重要的作用。推进医疗保障体系的完善关系到健康中国战略的实施,也关系到满足老年人对医疗保障服务的需求,从而更好适应我国养老服务的发展。完善医疗保障体系首先是要完善医疗保险制度,包括城乡基本医疗保险制度以及农村医疗保险制度;其次还要完善医疗药品的保障,加大医疗药品供给,提高医疗药品供给质量。

（一）完善医疗保险制度

城乡居民基本医疗保险是将城镇居民医保和新农合进行结合而形成的统一性的城乡居民医保制度。当前的城镇居民基本医疗保险的缴纳主要是以家庭为单位,并且政府会根据实际情况提供一定量的补助资金。居民根据缴纳标准缴纳医保基金,从而获得相应的医疗保障。在一些经济水平较高的单位中,会对在职职工的家庭成员缴纳的医保基金进行补助。同时政府部门会对一些经济困难的家庭提高补贴的力度。为完善城乡居民基本医疗保险制度,应在各个社区或乡镇建立医保服务点,从而加强医疗保险在基层的实施。同时也要扩大医疗保障团队的建设,吸纳高素质人才,加大对于医疗保险的监督力度,从而为老年人提供更好的医疗保障服务,更好地促进医疗水平不断得到巩固和提高。

在农村现行的医疗保险制度是新型农村合作医疗制度,它由农民自愿参加、以大病统筹为主,政府起支持与引导作用,并筹措相关经费。为促进农村医疗保险制度的完善,应加强农村向城镇的学习,缩小城乡医疗服务差距,加大对于高水平医疗队伍的向农村引进的激励力度,壮大医疗服务队伍提升农村医疗服务水平,加强县、乡、村协同合作,提升医疗服务人员的综合素质。同时加大宣传力度,通过一些农村老年人喜闻乐见的方式宣传农村医疗保险制度,提高其参保意识。最后还要促进城镇与农村医疗保险相结合,提升医疗服务一体化水平,推动城乡医疗资源共享。

(二)医疗药品保障完善

人口老龄化趋势与医疗技术水平的上升对我国的医疗卫生资源提出了更高的要求,医疗药品的可获得性问题是关乎国计民生的重要问题,为了提高我国医疗药品的可获得性以及提高医疗药品的质量,我国的政府部门已经采取了多方面的措施,如专家对药品进行定价评估、加快药品上新的速度等。

1.完善医疗药品的价格机制

政府可以取消大部分医疗药品的定价,运用市场手段控制医疗药品的价格,对医疗药品价格进行谈判是发达国家控制医疗药品价格的主要方式,在借鉴其他国家经验的基础上,充分发挥国家宏观调控、市场监管的作用,建立由医保、药品经销单位、群众等多方共同参与的价格谈判机制,由多个部门组成价格谈判委员会,与相关医疗药品的企业开展协商谈判,把一些医疗药品的价格控制在一个居民、企业、政府都可以接受的价格之内。同时也要大胆创新谈判模式,将医疗药品的质量、价格、数量都考虑到谈判的范围之内,把三者都控制在一个合理的范围之内,最大限度地满足居民的需要,特别是随着我国老龄化程度的逐渐加深,老年人身体状况的不确定性、经济收入的单一性决定了他们对医疗药品的多样化需求,如医疗药品的数量、种类、质量、价格等。

2.完善价格补偿机制

首先各地要结合本地的实际情况推行医保支付方式改革,注重医保的激励约束机制与风险分担机制的结合,当前针对老年人病症的一些特效药的价格都是很昂贵的,一般收入的家庭很难承担,而医保可以帮助个人分担一部分风险,以减轻家庭的压力,特别是对于老年人来说,他们的收入渠道比较单一,承担风险的能力也比较弱,因此医疗保险可以适当地向老年人倾斜,可以针对不同的年龄、不同的家庭经济状况等实行有差别的医疗保险报销比例。同时鼓励医疗机构使用中选药品,并采用集中采购的方式,医保的试点地区要遵循对总量进行控制、对结构进行调整的原则,对公立医院的费用结构进行优化,实现公立医院的医疗改革。

其次要注重医保支付标准与药品采购价格的协调,对于同一地区内各级医疗机构的同种药品要实行统一价格的标准,对于高于支付标准的医疗药品,高于支付标准的部分由患者自行支付,支付标准内的部分由医保按比例承担,各地区可按照"循序渐进、分类指导"的原则对价格差别较大的医疗药品进行引导。

最后医保部门要遵循按月度进行监测、按年度进行考核的原则,对医疗机构内集中采购国家试点药品的情况进行有效监测,使其处于医保定点医疗机构协议管理和医保费用考核的范围之内,严格进行管理,对采购结果执行周期内考核不合格的医疗机构,会相应扣除下一年度的医保费用额度。

3.加强组织保障,严格责任追究

一方面要明确各部门职责,医疗、医保、医药等部门都要明确本部门的职责,同时注重各部门的协调合作,医保部门要做好医保的支付方式、结算、总额预算等工作,药监部门要加大对医疗药品质量、医疗药品价格等方面的监督,并加大对医疗药品市场内违法乱纪现象的惩治力度。卫生健康部门也要对中选的医疗药品加强监督与管理,特别是后续的市场跟踪,以便及时对中选的医疗药品进行调整,以满足个性化、多样化的市场需求。另一方面各地的医保、卫生健康部门等也要及时出台相关的配套措施,加强部门间的合作,以保证医疗药品市场的有序运营。

4.明确医疗药品的分类管理

一方面明确医疗药品的分类和等级,根据医疗药品的质量、实际的疗效对医疗药品进行等级的划分,同时对创新药、处方药、非处方药、仿制药等进行明确的药品分类并制定严格的分类标准,同时对于不同等级、不同类别的医疗药品的外包装建立不同的外包装规范,对标准的规格和非标准的规格也要进行明确的规定,以防止出现以次充好的现象。另一方面对于不同等级医疗药品的公司也要给予不同的优惠政策,等级越高的医疗药品的公司可以获得更多的优惠政策,这样也可以鼓励医疗药品的厂家加快新药的研发速度以更好地满足居民多样化、个性化的需求。

四、推行中医养老

随着我国老龄化程度的不断加深,养老已经成为当前我国社会的重点问题之一,传统的养老方式已经不能满足老年人的需求了,社区居家养老的提出弥补了传统养老方式的不足,在一定程度上也缓解了我国人口老龄化的现状。中医作为我国传统文化之一,可以在不借助大型医疗设备的情况下因地制宜地开出最佳治疗方案,将中医的保健与养生引进社区居家养老的模式中,可以使社区居家养老的服务质量更高,因此中医药与养老服务相结合一方面是发挥我国传统中医药的医疗保健优势,另一方面也是提升养老服务能力以满足多样化的养老需求,缓解我国老龄化的人口压力的重要举措。

(一)完善中医养老的相关配套政策措施

中医养老在我国提出的时间尚短,因此相关的配套政策还不是很完善。首先拓宽中医养老的融资渠道,一方面政府要完善对中医养老的财政补贴政策,如对开展中医养老服务的医疗机构进行相应的补贴、把中医养老服务的相关费用按比例纳入医保中,对中医养老服务产生的费用进行一定程度的补贴,通过政府财政的引导作用来推动中医养老服务业的发展。另一方面也可以吸引社会力量参与中医养老服务业的发展,通过建立健全中医养老服务的退出、准入机制来吸引社会资本的加入,来增加中医养老服务业的活力。其次政府要对中医养老服务的服务内容、服务价格、服务质量等进行相应的规定,实行统一的标准,以保证中医养老服务的服务质量,同时对中医养老相关资质的申请以及相关机构的准入、退出机制都要进行明确的规定。最后对中医养老的法律法规,对中医养老进行专项的立法,通过上层政策保障中医养老的有序发展,也可以利用中央政策来引导地方政府、医疗机构等对中医养老的模式进行探索,探索出符合各地实际情况的中医养老模式。

(二)加强中医养老的人才队伍建设

构建全方位的中医养老的人才培养体系,由于在很长一段时间内,中医并未得到重视,而且中医养老这个概念在我国提出的时间尚短,因此中医养老方面的专业人才比较匮乏。可以从以下几方面来改善这种情况,一是中医药类的学校可以设立与健康养老相关的专业,在护理、科研等多个领域培养中医养老方面的专业人才,对于报考该专业的学生可以给予一定的优惠政策,从而吸引更多的学生来报考。二是对现有的医护人员进行中医理论与实践的培训,提高现有医护人员的专业技能,以提供更加优质的服务。三是增设中医养老方面的职业资格证书,对从事这一职业的人员的资质进行严格的限定,从事该职业的人员只有通过职业资格考试才可以正式上岗。四是可以通过提高薪资报酬、提升该职位在公众心中的形象地位等来增加该职位的吸引力,吸引更多的人从事该职业,增加中医养老的人才储备。

（三）丰富中医养老的服务产品

一方面鼓励医疗机构、科研院、中医药高等院校等开发一些产品,这些产品是针对老年人在慢性病的预防与治疗、康复护理、精神慰藉等方面特殊需求而提出的,开发一些针对性较强的中医药健康养老方面的服务、技术、产品等,以满足老年人多样化、个性化的需求。另一方面鼓励中医药老字号的企业拓展健康养老方面的业务,利用老字号的中医药企业,可以增加老年人对中医养老服务的认可,推动中医养老服务的发展,同时也可以借助现代化信息技术构建中医养老服务平台,在平台上会对中医养老服务的服务内容、服务效果进行相应的介绍,同时对于注册的老年人可以进行健康管理、健康咨询、建立健康档案、预约服务等操作,这对于改善老年人的健康状况起着不可忽视的作用。

（四）完善中医养老的监督管理体系

一方面中医与养老服务的有效融合,需要中医药的主管部门、医保部门、民政部门、财政部门等多个部门的相互配合,在部门间建立协调联动机制,明确各部门的责任,避免出现相互推诿、责任不清的现象,以加快中医与养老服务业的融合。不同地区要根据各地的实际情况对中医与养老的资源进行整合,推动中医与机构养老、社区养老、居家养老的融合,从而构建具有中医特色的养老服务体系。另一方面,也要完善监督评估体系,中医养老作为一种新鲜事物,会吸引更多人的关注,政府要加大对中医养老的监督与评估,既可以避免出现中医养老市场混乱的现象,也可以推动中医养老服务业的高质量发展。政府可以利用现代信息技术,在信息技术平台上对中医养老服务的机构进行评估、考核,评估、考核的内容包括服务质量、服务内容、服务价格等,对于服务人员的资质也要进行相应的规定与管理,以提高中医养老的服务质量。

（五）加大对中医养老优势的宣传力度

中医养老有利于满足老年人多样化、个性化的健康需求,但是对中医养老完全接受还需要一个过程,作为一个新鲜事物,居民对中医养老的认知程度还比较低,因此需要加大对中医养老的宣传力度。借助现代化技术手段,如建立具有中医特色的养老服务 App,在 App 上对老年人的健康状况进行评估,并制定具有中医特色的健康管理方案,年轻人可以更加方便地查看老年人的健康信息,也可以在 App 上为老年人预约中医服务内容,一方面可以对中医养老进行有效的宣传,另一方面也可以提高中医养老的服务效率。同时也可以借助微博、短视频等方式对中医养老的服务内容、服务效果进行宣传,以增加公众对中医养老的熟悉度,从而推动中医养老服务业的发展。

第四节　推行康养制度创新

一、完善互助养老制度

完善的互助养老模式离不开技术驱动、平台和外部保障三个方面。技术目的是为互助养老平台提供搭建和维护,通过外包或者购买技术形式构成了互助养老基础,具有极强的稳定性;平台是发布互助养老内容和联系供需方的载体,构建直观易用的平台有利于老年人使用;外部保障机制有利于互助养老的常态化运行。发展互助养老需要注意几个问题:一是保障各种养老互助服务内容的多样性。根据需求主体的不同服务内容分为日间照料、专业护理以及心理慰藉三类。二是对养老服务进行合理的定价。虽然互助养老采用的是虚拟的"互助币",本质上体现的是一种志愿精神,但是体现了多劳多得,对提供服务的老年人是一种激励,也体现了互助养老的公平性。三是互助养老中"互助币"使用范围。由于复杂的原因,老年人可能不会长期在一个固定的地方养老,本地区的"互助币"无法在另一个地区使用,会使很多老年人放弃互助养老。

（一）完善制度规范

互助养老模式的发展离不开政府的引导和支持,互助养老仍处于起步阶段,没有相关标准规范、无法规模化发展、缺乏监管等问题一直制约着互助养老的发展,政府要制定相关政策和法律为智慧养老的开展提供保障。在政策法规中应明确规定互助养老服务的性质、内容及要求,明确"互助"的真实含义。志愿者互助养老是不求回报的养老模式,在法律意义上权利与义务并不对等,老年人提供了志愿服务并不要求得到同等的服务,而"时间银行"是具有偿还色彩的互助养老模式,同时具有存储和延期偿还的特点,志愿者在提供服务之后由平台将被提供的服务进行储存记录,在志愿者需要服务时则可以要求别人提供等价的服务作为偿还。在指定法规政策时,不能将两种方式进行混用,会造成互助养老服务与偿还市场混乱,还有可能导致整个互助养老模式失败。

（二）保障资金投入

互助养老的性质决定了不具备任何盈利的能力,依赖政府的资金和技术支持。互助养老本身的非营利性导致无法为管理人员运营人员等员工提供工资,交付社区管理增加社区的人员负担。政府鼓励农村开办幸福院等互助养老形式,鼓励低龄老年人向高龄老年人提供服务,换取被照顾的时间,积极促进城市社区老年人互助养老模式与社区志愿服务的相互融合。社区应引入专业社会工作服务机构,组织社区志愿者的招募、培训、管理等工作。还要应增强与政府职能部门和企业之间的沟通合作,大力推动互助平台的建设,引导社会公益组织在社区中落户"时间银行",形成覆盖全社区的社会组织服务网络,为相关单位通过"互助养老"项目,开展公益服务提供有效保障,努力打造以"互助养老"为核心的联动模式。

此外,互助养老技术需要进行开发,形成成品之后才能推向大众,在面对使用者提出的新需要,技术人员不断地进行开发,互助养老平台需要定期进行维护,遇到突发情况,需要紧急的处理,都需要政府提供资金支持。

（三）实现互助养老信息技术智慧化

首先,利用云平台技术,结合社区信息化建设,开发相应的技术和信用支持、服务时间计算标准及一体化管理监督系统。在存储信息时要详细,将每一次志愿服务的服务时间、服务地点、服务时长、服务人员、被服务人员、评价内容等信息进行存储,方便用户查询采用数字化的方式为数据信息共享提供基础。运用区块链技术对信息进行分布式存储,防止用户数据受到恶意攻击以及发生篡改信息的情况,提升信息存储的安全性。

其次,在养老服务匹配环节,老年人在平台上发送开始接单的需求之后,系统根据服务提供者距离和服务满意度进行配单。由于老年人年龄较大,行动不便,为了防范风险和意外,尽量使服务需求和提供范围局限于本社区或者附近社区。过多的劳动不利于老年人的健康,因此要限制老年人提供互助服务的次数,防止部分老年人无法提供互助服务,防止部分老年人恶意刷取"互助币"破坏互助养老服务生态。但是在服务需求较多的情况下,可以适当增加老年人"接单"次数,以便更好地满足老年人需求。

最后,互联网平台信息共享使得互助银行的互联互通成为可能。大力研发方便手机应用的"时间银行"App管理系统平台,更加便捷及时了解当前供需信息。互助养老模式发展初期,互助养老仅仅局限于一个或附近几个社区,参与者因为特殊原因无法转移存取的服务,挫伤了部分流动较为频繁的老年人的积极性,对这部分养老资源造成了极大的浪费。在互助养老模式发展的中期,互助养老的参与者达到一定规模,可以通过互联网信息共享的形式,将全国各地的数据进行串联,存入的服务可以实现跨地区兑换。

(四)加大宣传力度

鼓励企业、养老机构依据不同老年群体的不同需求对养老服务模式加以创新,为其提供个性化且专业化的健康养老产品和服务,以适应市场的多样化需求。为使健康养老产业总体规划更具科学性、前瞻性,各地方应结合当地实际科学制定发展规划及实施细则,充分发挥当地特色优势,促进新兴健康养老产业培育和发展。同时要健全人才队伍培养机制,加强人才间交流互通,在高校设立相关专业,培养健康养老产业人才,加大专业人员的储备规模。在技术、管理、人才等方面建立公立医疗机构、非公立医疗养老服务机构、基层医疗卫生服务机构的交流共享机制和长期合作机制。加强对从业人员的教育培训,提高其综合素质,同时拓宽人才引进渠道,放宽人才准入门槛,并给予从业人员相应的制度保障,以促进健康养老人才市场的发展。

二、完善财政支持养老制度

(一)完善财政收支制度

政府应加强顶层设计与养老扶持力度,建立养老财政资金与经济发展水平同步增长机制,保证养老财政资金的稳步增长,增加财政在养老领域的投入规模。中央和各地方需要通力合作,将经济较发达地区与经济欠发达地区的财政收入通过转移支付的方式进行调和,缩小地区间养老服务发展水平差距,促使它们均衡发展,同时推动欠发达地区社区居家养老服务以及农村养老服务的发展,增加养老专项基金,减少因贫富差距带来的养老服务供给差距。建立健全养老财政支出预算法律法规,优化养老财政支出预算,在制定下一个年度的财政预算时,各部门在对上一个年度的养老财政支出进行核算的前提下,科学地制定下一个年度养老服务支出资金预算。在此基础上进一步拟定养老财政支出的最大上限,建立合理的收支分配格局,逐渐增加养老服务支出在财政总支出的比例,建立动态的养老服务财政支出机制。鼓励相关部门增加财政支出,以推动养老服务发展。

(二)优化政府购买服务流程

各地方政府对所辖地区的养老服务需求情况进行调查研究,了解各地区需求目录和需求总量,整合并充分利用当地社会资源,确定政府购买服务的数量,避免因信息不对称造成的浪费。政府在购买服务时要以公共利益最大化为最终目的,将政府购买的服务与要求等信息提前公开,做到公平公正透明,政府以公平竞争为原则通过招、投标的形式鼓励更多的企业、机构及其他社会力量参与到养老服务的供给中来。此外,政府还需设立评价标准,对其购买的服务在服务质量和老年人满意度等方面进行综合评估。通过公开评估报告,披露评价较低的服务及提供该服务的主体,剥夺其参与下个年度提供养老服务的招、投标资格。对于那些提供满意度较高服务的企业,优先考虑购买这些企业的服务。

（三）健全税收优惠政策

完善养老领域税收政策,积极实施支持养老服务业发展的税费政策,阶段性缓缴部分税费,减轻抗风险能力较差的小微型企业资金压力,助力其提供高质量养老服务。厘清政策清单,扎实落实减税降费政策。免征公益性养老服务组织税收,提高增值税起征点,使更多养老服务机构及企业享受到减负政策。加大税收优惠力度,培育认定养老服务试点示范单位,给予一次性财政奖励,将资金直接补贴给养老服务机构,围绕综合实力、服务质量等对养老服务优质企业和机构进行综合评价,排名靠前的给予资金补贴,营造良好的市场氛围,激发养老产业的活力。对养老服务专职工作人员薪资进行税收调整,提高养老服务专职工作人员个人所得税的门槛,增加工作人员的收入,调动其工作积极性。

（四）建立政府适度优补保障制度

可以从以下几点着手,确保社区村养老机构正常运行:规范养老机构建设和运行补助机制,建立和完善建设和奖补制度,重点投入、分步实施。对运行良好的养老机构和照料中心经评定合格后,按星级给予运营补助,定期复评一次;指导乡镇、社区村提高养老机构统筹服务意识,消除小规模、小区域服务划分的思想观念。充分发挥乡镇敬老院、托老所等现有资源,合理开展综合性社会养老和居家养老照料服务,以此来辐射周边社区村,避免投入与产出成负比;发挥政府在为老服务市场中的杠杆作用,加大民营资本进入养老市场的扶持力度和引导宣传力度,形成健康规范的养老竞争市场,激发养老服务市场的活力和品质。要合理探索购买服务模式,制定养老服务项目市场价格指导目录,尽可能地把为老服务项目推向社会。积极为服务需求对象搭建服务平台,做好养老服务后期质量监管工作,保证养老服务价格、服务质量和服务项目的可持续性。

三、定向创新养老制度

政府创新养老制度,养老制度具有"靶向意识",可以根据特定对象提供不同的养老制度帮助。在我国,存在独生子女家庭、失独老人以及失能失智老人等几种特殊群体,因此在养老制度的制定中应进行精准识别。

(一)独生子女家庭养老制度

在社会大环境的影响下,"4-2-1"模式的独生子女家庭中的子女承受着巨大的经济、社会以及生活压力,在养老方面的重担也极为突出,因此政府应针对独生子女家庭提供相应的帮助。如优先入住公办养老设施、动态调整计划生育奖励金幅度、完善农村独生子女家庭养老保障制度等。政府应加大对独生子女家庭的奖励力度,可根据国家现行奖励离休干部的方式,由政府为年满 60 岁以上的独生子女父母发放家庭补贴。政府应突出独生子女家庭在社会养老服务体系中的地位,并采取积极探索、精准对标、先易后难的原则逐步推进。比如:对丧失子女的"空巢"家庭、对丧偶独居且子女不在同一城市居住的"空巢"家庭等,都应根据不同情况制定相应的政策,在医疗护理、家政服务、入住养老机构等方面给予"优先"和"优惠"。

针对原独生子女家庭设立政府特别保险,有学者认为应整合"全面两孩"政策之前已有的各项政府计划生育奖励扶助津贴,合并设立政府特别保险,作为除社会养老保险、企业补充保险和个人商业保险之外,成为原独生子女家庭的第四根保障支柱,从而体现"独生子女好,政府来养老"的政府承诺。政府特别保险,原独生子女家庭不需缴费,而以征收的社会抚养费、与计划生育相关的各类罚款和财政补贴作为主要资金来源,按月向退休的独生子女父母发放补充养老保险金(冯丹妮,2019)。

(二)失独老人养老制度

失独老人指家庭中唯一的孩子不幸逝世。优先落实机制。应按照属地原则优先安排有意愿入住养老机构的失独老人入住户籍所在地政府主办的公办养老机构。同时,积极鼓励各类民间养老机构、街道日间照料中心等接受失独老人入院养老,政府为经济困难的失独老人提供必要的经济补助(冯丹妮,2019)。在失独老人缺乏入住担保人的情况下,由户籍所在地基层组织出面协调担保,确保老人能够顺利入住各类养老机构。

探索建立专门的失独家庭养老院,推行"以房养老"养老模式试点。失独老人的养老在一定程度上有别于一般的养老,为此针对很多失独老人不愿入住现有养老机构,喜欢抱团取暖的特点,应尝试建立专门的失独老人养老机构,既可以避免入住养老院办理签字等手续上的困扰,同时,在失独家庭养老问题上推行以房养老试点,失独家庭可以将住房反向抵押养老保险,从而获得较高的经济收入,解决养老困境,提高生活质量,逐渐建立起适合这一特殊老年群体的养老模式,满足失独养老人个性化养老服务需求。

提供照料服务。对选择居家养老的失独老人群体,可以采取政府购买服务+社会组织服务相结合的服务供给方式。社会组织、社区定期或不定期地探访、问候、聊天,舒缓老年人内心的抑郁、苦闷情绪;提供必要的生活照料服务,如帮助老年人采买、上门清洁等。同时,还可以依托现有的社区居家养老服务信息平台,增加与失独老人的亲情联系、牵手服务等制度,使失独老人得到更为人性化的、周到体贴的关怀。

建立失独老人心理救助机制。对于失独老人内心世界的创伤应出专业人员给予适当且必要的救治。政府应积极组织专业的心理咨询师、社会志愿者以及高校学生参与到关爱活动中,通过采取一帮一、结对子等方式,及时给予失独老人心理上的指导、排解和抚慰,让他们尽快走出精神阴影,找到新的人生方向。

(三)失能老人的养老制度

失能老人指的是由于先天或者后天原因导致的完全或者不完全丧失自我照顾能力,需要他人照顾的老年群体。建立长期护理保险制度。长期护理保险制度,是政府积极应对人口老龄化的重要战略举措,一方面可以满足失能、半失能老年人日常照料的需求,提升其生活质量,使其生活独立和人格尊严上获得最大程度的满足;另一方面可以缓解老年人亲属的照顾压力,特别是老人子女的照料压力。长期护理保险实施范围应广泛覆盖,包括职工医保、城乡居民医保全体参保人员,为长期失能老人的基本生活照料需求和与基本生活密切相关的医疗护理需求提供资金以及服务保障。通过个人缴纳一部分、财政补助一部分、医保基金保障一部分,探索建立完全失能和重度失智人员长期护理险制度。先在地区试点,后规范推开,由低到高逐步提高筹资水平和保障水平。

建立特困失能老年人集中供养制度(徐美玲,2020)。开展特困失能老年人集中供养制度的探索,依托福利院大力推进失能老人集中供养,引进民办医院开展"医养结合";在城市社区福利院,可以实行"服务外包"与"医养结合"的形式,福利院在保障政府兜底对象的基础上,根据养老需求,通过市场运作的方式收养社会老年人,继而逐步拓展为区域性养老服务中心;在农村,鼓励建设幸福院等自助式或互助式养老服务中心,确保农村留守(独居)老人的养老需求得到满足。由此建立其多层次、多元化、多样性、多功能的全面覆盖城乡的社会养老服务体系。

四、智慧养老制度深化

（一）构建智慧养老系统

政府需要设立特定的技术部门对服务器进行构建,建立起全国性的养老信息管理平台,把全国老年人的养老信息纳入服务器中,使得社区服务平台能够更轻松地对服务器所获得的数据进行分析和使用。在使用服务器的同时,也要聘请专业人员对服务器进行定期的维护与优化升级,防止老年人的隐私信息泄露。智慧养老服务平台载体的终端服务器,不只是对网络服务平台的创建和网络平台的日常维护,还对老年人个人信息进行详细的记录。运用最先进的 5G 技术,记录老年人每天的身体特征数据、位置信息、饮食习惯等。根据这些数据对老年人进行健康分析,及时发现老年人身体状况变化,在发现异常就医时结合服务器提供的电子病例史对老年人进行及时准确的救治。可以通过全息影像和 VR（Virtual Reality,即虚拟现实）等技术,实现在家进行最基本的问诊。终端服务器系统还包括设备安装、设备管理、设备维修、设备更换等一系列事项,定期对设备进行检查和维修,使得终端服务器和家庭设备能够正常稳定运行。

社区平台集成调度系统是智慧养老运行的重要保障。第一,智慧养老社区平台的人工智能系统把平台数据进行分级整理,自动判断问题事件是否紧急,紧急程度是多少,将一些处理不了的特殊问题传递给工作人员进行人工分析确认,根据服务需求的类型,对老年人的家居养老服务需求进行智能处理,更加及时妥善地处理紧急事件,提供解决的最优方法。第二,政府设置指挥中心,由平台人员进行分工调整,工作内容是处理人工智能无法进行判断的特殊事件,调集相关人员进行处理。可以设置电话接线员等服务岗位,详细解答老年人的疑问,记录老年人当下的需求,帮助老年人联系相关的服务。第三,政府可以将智慧养老系统与医院和警察等机构联系起来,形成专门合作的关系,建立起与医院等机构的专线,进一步提高处理效率。

政府还应该加强前端养老服务系统的搭建。首先,前端窗口服务主要包括门户网站、居家呼叫器、老年人康复辅助器、社区养老服务中心窗口等。在门户网站上,用户可以更加直观地进行选择服务项目,比如家政、清洁、便民、医生等。我们了解到,老年人上网率比较低,他们很难接触、接纳新的事物。因此,呼叫器的安装是智慧养老社区平台最主要的服务方式,老年人们只需要点击呼叫器便可以联系到调度中心的工作人员,从而进行交谈或者留言自己遇到的问题。工作人员在接听老人的呼叫时，及时为老人安排他们所需要的服务。其次，政府在老年人生活的社区中建立养老便民服务窗口，老年人可以和工作人员面对面交谈，更清楚了解到老年人的需求，从而及时妥善解决老年人问题。最后，政府提出有关老年人康复辅助器安装、维修、租赁、回收办法，推动养老机构能够配置康复辅助器，进而方便老年人的使用。前端服务系统的服务质量得到了大幅度提高，也节约了成本，使得员工办事效率有了极大的提高。

（二）加强共享价值数据治理与安全支持

完善养老数据使用主体资质审查权和信息开发权建设。通过制定政策的形式对拥有老年数据的主体进行筛选，剔除那些不具备硬件设施和软件设施的企业，严格限制滥用老年人信息的企业的准入资格。规定老年人信息开发使用范围，将数据开发限制在医疗、养老、服务等便利老年人生活的项目，严厉禁止使用老年人信息数据进行商业开发。定期审查以及随机抽查拥有养老数据使用开发权限的企业，对违反规定的企业进行警告，要求整改、取消那些屡次不改企业的使用权，将它们列入企业黑名单。

促进养老数据共享机制的完善。首先，对信息收集时尽量以匿名的形式进行收集，对老年人的姓名及身份证等信息进行编码和隐匿处理，只共享老年人身体情况等有助于研发和分析的信息。其次，加强养老数据主体之间的合作，推动养老信息在各主体之间的流通。鼓励企业树立共享信息的意识，共享信息有助于企业服务的完善和发展，有助于形成智慧养老产业链。然后，促进跨领域间的信息交流与共享。服务提供主体联合搭建聚合医疗、家政、餐饮等服务开放平台，平台内的各主体都可以对养老信息进行使用，形成集群效应，保护养老数据安全。

保护养老数据安全包括两个方面：一方面是保护服务器硬盘硬件的安全。加强安保工作，防止硬盘被盗窃；加强消防检验，防止非人为原因导致的数据被毁坏；企业破产清算或者更换硬盘时，及时删除硬盘内信息数据，防止信息泄露。另一方面是做好加密工作，防止数据被他人通过网络技术盗取。借助区块链分布式存储与授权密钥的功能，获得授权的设备才能获取数据。在存储时使用分布式的存储，将数据资料存储在不同的硬盘上，多个服务器进行数据记录，防止数据丢失和篡改。每份资料使用哈希数值进行编码，增加安全性。

（三）建立政府统筹的智慧养老服务平台

建立以政府为主导，城区为单位的智慧养老服务平台，并设立智慧养老相应中心。充分利用已有的健康信息、养老信息等信息数据平台，整合相关公立和民间的各个功能平台,建设统一规范、互联互通的智慧养老信息共享系统,积极推动各类智慧养老机构和服务商之间的信息共享和合理利用,形成覆盖医疗救治、护理服务、心理疏导、物品供应、文化娱乐等各个方面的智慧养老网络。积极谋划智慧养老硬件和软件的创新性发展。智慧养老是在传统养老服务中嵌入信息技术,如利用大数据、云计算、物联网、区块链等信息技术,在居家、社区甚至养老机构之间搭建数据桥梁,从而为老年人提供更为精准的养老服务的新型养老模式。智慧养老的实现除了相应的实施场所外,更多的是对智能家居产品、智能人体传感器及与之相适应的先进的信息技术的高标准的要求。因此,智慧养老必须先从硬件设备和软件技术上进行创新,包括智能家居产品、职能人体传感器、智能互动平台等。因此,积极引导智慧养老硬件和软件的创新发展,制定政策引导与智慧养老产品有关的产业布局,将为智慧养老体系建设提供重要的保障。在经济发达的地区进行智慧养老推广,在农村等基础条件欠缺的地区进行智慧养老探索。

以智慧养老社区平台为依托,辅以实时聊天、分享、定位、求助等多功能为一体的应用。在老年人智慧养老社区平台这个应用中,老年人们可以随时随地聊天,在本社区的广场内分享信息,社区内的其他老年人可以使用点赞、评论等功能发表自己的意见和看法。最重要的是,当老年人遇到紧急情况需要帮助时,可以通过此应用及时通知工作人员,工作人员通过应用确定老年人的实时位置,及时处理突发状况。老年人智慧养老社区平台应用可以把区域作为划分标准,老年人分享的信息只能在所在区域进行传播,缩小老年人与其他社会成员的接触范围,尽可能地保障老年人的交往安全性。这种应用还可以经常性地对老年人进行浅显易懂的网络知识教育,提高老年人对于电信诈骗的警觉性。

第五节　推行护养制度创新

一、养老服务人才激励制度

正视人才激励制度的地位。养老服务人才激励机制是推行护养制度创新的重中之重。根据养老服务市场环境、人才吸引政策,制定有针对性的、与时俱进的养老服务人才培养方案、引进机制以及相关制度保障,同时建立一套具有可行性的养老服务人才培养评价规范、养老服务的职称晋级制度,养老人才培养相关的职业培训补贴、职业技能鉴定补贴以及人才保障措施的落实,以良性循环的人才机制吸引更多的人才充实到养老服务专业人才队伍中,养老服务人才激励制度是缓解目前养老服务人才严重短缺的重要举措。

（一）养老服务人才的专业化建设

一方面,发展老年服务教育事业,建立完善的人才输出机制。鼓励高校依法自主设置和调整相关专业,培养养老服务型人才和医养复合型人才等,充分满足市场多样化的人才需求。加强专业化的建设,全面提升养老服务职业化、专业化、规范化水平。建议以老年服务管理专业为主体,开设老年照护、失智老人照护、老年产品设计运用和营销、老年旅游等专业,给予在养老机构从事养老护理工作一定年限的大学毕业生一定比例的助学贷款代偿和学费补偿。为提升老年教育的办学层次,可以支持有条件的高校招收相关专业的研究生,特别是养老服务管理、康复治疗、家庭服务等学科,增加学位的授权点,形成学士、硕士、博士等多层次的养老护理人才梯队,满足不同层次、不同领域对养老服务业的需求。同时在教育教学中重视养老服务的实践教学,实践教学的目标要与学生的就业相结合,培养养老服务行业需求的专业人才,教学的内容要与职业的标准、行业的规范相结合,教学的评价体系要与行业的用人标准相结合,总之实践教学要与实际的工作相联系

另一方面,拓宽专业人才的来源渠道。鼓励卫生专业方面的技术人才、家政服务人员、医院护工、城镇就业困难人员从事养老服务行业,鼓励高校毕业生到养老行业就业,特别是养老服务、养老护理、医疗护理等相关专业的学生,鼓励退休的医务工作者、低龄老年人参与养老服务,以充实养老服务的人才队伍。重点支持相关人员在定点培训机构进行培训,特别是对养老护理人员的培训上。选择一些培训机构,选择的基本条件是办学质量高、社会信誉好,并鼓励他们开设养老护理相关方面的专业,使其对政府购买的养老护理员培训任务进行积极的承担。对新申请设立的民办职业培训学校,只要符合条件、标准,及时地对其进行审查、评估、审批,从而促进养老服务业的发展。除此之外,运用新媒体、互联网等推行"养老＋""养老人才＋",创新人才培养、培训的新模式。发挥市场的导向作用,加强对实践实训基地的建设,工学结合、医养联动,为养老服务业培养接地气的实用型人才,改变政府"一手操办"的格局,让市场、社会组织政府共同分担起社会养老人才的培养、使用责任。改善目前养老服务队伍人才匮乏、整体素质较低的现状,使养老服务人才队伍的专业水平、业务能力、服务质量

得到提高,增加养老服务专业化的人才储备。

(二)推行多样化的"留人"举措

尝试以养老服务人员岗位补助作为服务业试点,对养老护理员实行补助。为大学生入职建立补贴制度,对于普通高等学校、高级中等学校、职业院校的应届毕业生和往届毕业生来说,一旦他们到非营利性的养老机构、社区的养老服务驿站从事养老护理的相关工作,应该由该行业的主管部门一次性给予入职补贴。以此为良性循环不断提高老年人养老服务的供给能力和服务水平。同时在原则上要使养老服务行业的平均薪酬待遇,不低于上年度本市服务行业的平均工资水平。

将养老服务人员纳入企业新型学徒制试点政策范围。鼓励各高校与定点养老机构按照"企校双师带徒、工学一体"的模式培养养老服务人才,采取弹性学制、学分制管理,打造一批融合专业理论和岗位需求的"金课";加强师资队伍建设,加大专业教师的引进与培养力度,鼓励护理、社会工作、康复、家政、文旅等专业教师向养老服务领域发展,培养一支"双师型"教师队伍;加强与养老服务机构的合作,建设一批高质量的共享型实训基地,以理论与实践相结合的方式对养老服务人员的职业素养、操作技能进行提高。

将养老服务人员纳入城市积分入户政策范围。将养老服务人员纳入城市积分入户政策范围后,这项举措能给外来的养老服务人员提供一个公平竞争的平台,海归与养老服务人员受到一视同仁的对待。针对养老服务人员的积分入户出台一系列倾向性政策,增加吸纳和挖掘专业养老服务人才的潜力,避免养老服务人才感觉自己基本被排斥在政策的框架之外。符合条件的外来的养老服务人员积分入户核准分值达到一定值后即可申请入户,增强养老服务人员融入感、职业认同感。

(三)组织建立养老服务志愿队伍

一方面,推动将养老志愿服务纳入社会信用评价体系,打通人民道德诚信实践与社会信用评价体系的转化通道,让道德建设可视化、可衡量、数据化。将养老志愿服务纳入正向信用激励,引领更多的人参与养老志愿服务,形成有利于养老服务专业人才脱颖而出和良性循环发展的机制。另一方面,建立和完善养老志愿者服务的回报机制。可以从社会荣誉激励、物质激励方面出发,社会荣誉激励,主要的激励方式:颁发养老志愿服务认证书、荣誉奖状、进行宣传表彰等,目的是通过社会给予的精神奖励、荣誉奖励等,使养老服务志愿者感受到服务的价值,并产生为其服务的自豪感;物质的激励,主要是物质化补偿激励,可以采取志愿津贴、补贴的形式,或是政策性补偿,比如在购房、就业方面优先考虑养老服务志愿者。通过多元化的激励方式吸引更多的人加入养老服务志愿队伍中。

(四)养老服务人才的招生、就业与精准扶贫相结合

近年来,社会组织出现在精准扶贫的事业中,从甘肃、宁夏等农村贫困地区招募合适的人员,通过就业的培训,吸纳农村转移劳动力,让他们到大城市从事与养老服务相关的职业,这既带动了就业、增加了收入,又减少了贫困。城市下岗职工、进城的务工农村人员为居家养老服务的推动,提供了大量的人力资源。要吸纳有一定技能和业务素质的下岗职工到机构、社区养老服务的岗位上,既为当地失业人员、农村的剩余劳动力开辟了新的就业渠道,也为居家养老服务建立了基本的服务队伍。利用一线、二线城市的多渠道就业机会,同时与精准扶贫的事业对接,培养养老服务相关的专业人才,促进新型城镇化的发展。鼓励职业院校的养老服务专业打破地域的限制,放宽招生的计划,对贫困地区的招生指标、规模进行增加。对于与养老服务相关的专业招生给予一定的优惠政策,设立专项基金、资金补贴,使更多的人加入养老行业中,拓宽就业的渠道,促进社会的就业。

(五)加强养老服务人员的形象宣传

引导舆论宣传,唤起全社会对老年事业的关注,多渠道宣传养老服务人员的形象,新形势下应着力营造尊重养老服务人员、信任养老服务人员、关心养老服务人员的浓厚氛围,保障养老服务人员的合法权益,把改变目前养老服务人员的社会地位、待遇相对较低、社会存在偏见、难以留住高素质专业人才的困境。可以借鉴我国目前对于消防战士、白衣天使形象的宣传方式,制作形象宣传短片、根据真实事件并进行类型化再现拍摄电影或者电视剧,使养老服务从业人员可以形象化、鲜明化地走进公众视线,使社会公众可以深入了解养老服务人员的日常工作状态,以及我国目前严重的养老服务人员缺口,提高社会公众对于养老服务人员的关注度、认同度,以多样化的形式加入养老服务队伍中。

二、养老信用制度构建

构建养老服务行业的信用体系不仅减少信息孤岛、信息不对称现象的发生,同时能够降低交易成本、提高交易效率,以便促进养老服务行业各主体的良好互动;不仅能够简化审批流程,同时还可以加强行业监管,更可以引导社会资本有序进入养老服务市场。这也客观反映了行业相关主体的履约、偿债能力,推动财政、银行、担保全方位、全链条融资服务,引导相关主体加大养老服务供给投入力度。构建养老信用制度需要运用信用手段

持续改进养老机构服务质量、安全管理,维护老年人合法权益。

（一）构建养老服务的制度信任

建立养老服务信用管理机制和投诉处理机制。国家民政部以及相关部门应当建立健全对相关主体（养老服务机构、从业人员和服务对象）的信用管理机制,建立养老服务投诉处理机制,地方各级民政部门按照"谁主管、谁监管"的要求,积极履行管理职责、监管职责。对违规的养老服务机构,责令其改正,对其管理、服务人员进行相关的处罚。对拒不改正、情节严重的,由登记管理机关依法予以行政处罚、吊销登记证书等处罚。针对情节严重者并构成犯罪的,依法交由司法部门处理。养老服务信用管理机制、投诉处理机制的建立,有助于完善对养老服务的综合监管,把对事中和事后的管理、监督放到了更加重要的位置。未来的养老服务信用管理机制与投诉处理机制需要与其他监管措施相结合,使其成为加强事中和事后的管理、监督的主要依据,使养老服务既放得开又管得住,使养老服务制度信任得到增强,使老年人的合法权益得到保障。

建立健全信用信息记录、归集机制。对失信的对象实行信用异常管理,相关企业的行政许可、行政处罚等信息,由企业信用信息公示系统向社会公示。第三方征信机构需要加入并参与到养老服务行业的信用建设、监管。通过建立跨部门、跨地区的联合奖惩机制,在政府购买养老服务时,给予信用良好者优先办理、简化程序等"绿色通道";同时建立养老服务领域的诚信档案和行业"黑名单",对于存在严重失信行为的机构和人员实施联合惩戒,提升监管效能。加强行业自律和监管,将养老服务机构行政许可、抽检结果等信息通过国家企业信用信息公示系统、全国信用信息共享平台、养老服务行业信用信息管理平台等多平台及时地进行公示。为便于国家民政部门和养老机构充分做好实行强制性的养老服务信用信息记录和归集机制准备,民政部可分类督促、指导养老机构对标、达标,对于条件好或条件差一点的养老机构采育不同的措施,前者鼓励使其率先达标,后者使其尽快补上短板。

（二）建立养老服务安全信任

对养老机构服务的安全"红线"进行明确,对养老机构服务中的安全隐患进行防范、排查、整治,使养老服务得到高质量的发展。在安全防护方面,对消防、疾病的预防控制、安全值守、设施设备检验、食品药品等安全管理制度进行完善,及时消除安全隐患。对于我国在消防、卫生与健康、环境保护、食品药品等方面的规定和要求,养老机构也应当严格遵守,确定专人负责,定期开展在安全方面的检查;在安全风险的评估方面,对老年人入住养老机构前的服务安全风险评估、评估的相关要求等进行明确，这是养老机构安全防范的第一关；在服务的防护方面，要对风险的预防和处置措施等相关要求进行明确，特别是在养老机构中易发生的坠床、烫伤、跌倒、走失等服务安全的风险，养老机构中的应急预案、安全教育等工作要进行明确，以便对养老机构的服务安全工作的长效机制进行建立；同时，在养老护理员培训、建立昼夜巡查、交接班制度等方面也提出了要求。国家及地方各级政府部门如在监管中发现养老机构存在可能危及人身健康和生命财产安全的，政府部门应第一时间约谈机构负责人，下发整改通知书，限期改正；逾期不改者，给予停业整顿的处罚。发现在建筑、消防、食品安全、医疗服务等方面存在风险的，多部门应采取联合执法，如住房城乡建设、消防救援、市场监管、卫生健康等部门，并积极配合后续的查处工作，全方位保障老年人的安全。

（三）建立养老服务平台信任

搭建养老服务行业信用信息管理平台。此平台应当研究分析目前养老服务的政策环境、行业发展的状况与走向，提出具有建设性意义的指导思想、建设目标、行动原则，并明确养老服务行业的信用体系的建设框架图。依据实践所获得的信息，分析建设中涉及的六大主体即政府部门、征信机构、养老机构、养老产业经济主体、重点人群、老年人及其所属家庭。要明确各主体的定位、任务以及他们之间的关系。养老服务行业的信用信息管理平台的建设内容包括：责任主体信用记录的建立、信用信息审查机制的建立、信用信息数据库的建立、信用信息管理系统的建立等。该平台适用于各类养老机构、养老产品供应商、从业人员等的信用信息的收集、管理、评价，使得养老服务行业治理的手段进一步创新，使得我国养老服务行业顺利转型优化，使我国养老服务行业健康得到有序发展。

三、对老年人的长期护理保险制度进行全面推行

老龄事业发展和养老体系建设规划的主要任务之一是探索建立老年人的长期护理保险制度。"健康中国 2030"规划明确提出把老年人作为重点关注群体，建设预防、医疗、康复、护理、安宁疗护等相衔接的覆盖全生命周期的养老服务体系。探索建立老年人长期护理保险制度是老龄事业发展和养老体系建设规划的主要任务之一。将老年人的养老服务体系与老年人长期护理保险相匹配，建立多层次的老年人长期护理保险制度，该保险制度是由协调社会性的保障缴费和商业性护理保险共同作用的。老年人的长期护理保险制度的建立，不仅可以满足失能、半失能老年人的照料

需求,提高他们的生活质量,使他们最大限度地获得生活独立、人格尊严,同时也可以缓解其家庭成员特别是子女的照料压力。

（一）建立具有中国特色的老年人长期护理保险运营模式

学习并借鉴国外先进经验,开展具有中国特色的老年人长期护理保险试点。要尽可能地吸收国外多年的关于老年人长期护理保险经验,特别是欧美国家,如德国,在积累了110年的医疗保险经验后,推行了针对老年人的长期护理保险。学习国外关于老年人长期护理保险的保障范围、缴费标准、待遇享受等政策,调研座谈护理需求认定和失能等级评定标准,老年人长期护理保险经办管理服务规范和运行机制,老年人长期护理保险与商业保险公司合作经办模式等(王佳林,2019)。2016年,全国15个城市、两个重点省份启动了长期护理保险制度试点工作,开始探索建立一种以社会互助共济的方式来筹措资金的社会保险制度,为长期失能人员的基本生活照料的医疗护理提供资金、服务保障。在试点城市取得一定成果之后,也需要将老年人长期护理险引入试点城市之外的农村地区。结合国外先进经验并立足于中国特色的现实国情,在城市和农村地区开展试点示范工作,并根据实际效果不断纠错,以建立市场化的机制,科学配置资源,推动形成具有中国特色的老年人长期护理保险模式。

建立老年人长期护理的"社会保险＋商业保险"运营模式。使社会基本保险涵盖老年人的长期护理保险,依靠政府强有力的保障,对失能老人基本的长期护理需求进行满足(黄如意等,2019)。国家有关部门可通过医保统筹基金结余划转、社会捐助、彩票福利基金划拨等多元方式进行筹资,积极拓宽筹资渠道,减轻个人和单位缴费压力。老年人长期护理保险资金的筹备要遵循以收入来决定支出,形成收支平衡或略有结余的原则,依托个人缴费、单位缴费、政府补贴的传统筹资模式充实老年人长期护理保险资金。在资金筹集水平不高的前提下,老年人的长期护理保险制度,应该坚持基本可持续,并与社会养老进行衔接,使老年人的长期护理保险与家庭赡养、社会福利进行衔接,同时要注重社会保险适度普惠作用的发挥。坚持分担责任、权利与义务对等的原则,合理划分各方筹资责任。同时,政府应重视对稳定的投入机制的建立。在社会保险发挥作用的同时,政府可通过相关的优惠政策的给予,鼓励商业保险公司积极参与,通过对与老年人的长期护理保险相结合的商业护理保险的开发,对老年人多层次、多样化的健康护理需求进行满足,对基本的社会保险保障水平的不足进行弥补。不仅如此,为了避免"有保险没护理"的情况发生,我国需实施老年人长期护理保险与服务双轮驱动的战略,既要保障保险金的给付,也要构建完善的长期护理体系,包括居家型护理服务和助养型护理服务,对护理机构、护理费用、护理人员等实施全面系统的管理,严格护理要求,提高整体服务层次护理水平。

（二）对老年人长期护理保险建立标准化的申办规范

对相关申办业务的流程进行统一,对各环节全部实行标准化管理,包括老年参保人的待遇申请、机构初筛、结论下达、待遇享受、服务管理等。坚持公立、民营机构一视同仁,实施标准化定点机构准入机制。建立全流程网上办理经办机制,包括人员准入、待遇的申请、评估等级、费用的审核、结算、拨付等。建立以互联网技术为依托的智能监管机制,开发智能监管手机App,利用GPS定位、指纹采集、图像采集等技术手段进行全程监控,包括监控照护的对象、地点、内容、时间等。建立政府主导、社会参与的运营管理机制,成立专门的部门负责老年人长期护理保险这项工作,政府通过招标购买服务的方式,委托商业保险公司参与。商业保险公司参与各地老年人长期护理保险建设,充分发挥了专业的优势,这不仅完善了社会化的服务规程,也尝试打造老年人的长期护理保险信息系统的建设标准。

（三）建立统一的老年人失能失智等级评估机制和评估标准

失能等级评估决定了老年人长期护理保险的覆盖率,这与筹资的标准、服务的质量、服务的水平等息息相关。研究制定有关护理等级的国家标准、对失能人员的失能等级标准、老年人的长期护理保险的支付标准等。从目前城市和农村试点情况来看,老年人失能等级评定没有统一标准。针对老年人的基本健康状况、基本能力、体适能、日常生活活动能力、睡眠质量、营养状况建立规范和统一的老年人失能及照护需求评估标准。通过评估机制对老年人照护需求必要性、照护需求的内容进行科学的界定,根据评估的结果,为其匹配相应的长期护理保险,使长期护理保险覆盖服务内容更具有针对性。针对经济困难且生活不能自理的老人,使其获得差别化长期护理险补贴。规范、统一城市和农村的老年人失能、失智等级及长期护理险需求评估,是老年人长期护理保险制度得到发展的重要基石以及必然要求。

四、安宁疗护与养老有机融合

十八大以来习近平总书记提出健康中国发展战略以及2016年中央办公厅国务院发布的《健康中国2030规划纲要》都提到了安宁疗护问题,要求重视老年人晚年生活质量,尤其是老年人临终时刻的生命质量。长期受传统文化思想的束缚,人们在生活中避谈死亡。但随着我国老龄化程度的不断加深以及人民生活水平的提高,老年人的养老需求不再仅仅停留在物质层面,精神上的养老需求渐渐凸显,愈来愈重视生活质量。作为养老的最后一环安宁疗护在提升老年人晚年生活质量方面的重要作用已经开始引起社会的广泛关注。在城市和农村深入安宁疗护价值理念的传播,使老年人及其家属普遍认同接受高质量的临终生活的价值理念,构建市、县、农村三级梯度有序、分工合理、运行高效、服务规范的安宁疗护服务体系。

（一）健全养老服务与安宁疗护服务无缝对接机制

加强养老政策与安宁疗护政策的战略性建设。有学者认为应该宣传、提倡"优生优逝"理念,更加关注老年人晚年生活质量以及健康质量(任俊圣,2016)。安宁疗护是老年健康养老服务体系中的重要一环,将养老服务延伸到安宁疗护服务是未来发展趋势。使安宁疗护与老年人多样化养老模式无缝对接,除重大疾病需入院治疗外,在老年人晚年熟悉的养老环境下接受精准有效的安宁疗护服务,帮助临终老年人正确面对死亡,安静且有尊严的离世,避免老年人在临终时刻接受过度医疗,同时减轻医护人员工作负担及压力,节省医疗资源。

加强部门协调配合机制。当前国内外针对安宁疗护政策制定多从医疗视角出发,尚未从老年人口视角出发。老年人是安宁疗护政策法规实施的主要群体,老年人安宁疗护服务是我国人口转型的必然要求。转变政府职能,在国家卫健委职能部门中增设安宁疗护职能机构或者在全国老龄办中增设安宁疗护职能部门,加强医疗卫生机构和老龄部门之间的合作,老年人安宁疗护职能部门就具体的机构模式、运行模式、规范标准等制定相应的标准。借助区块链技术促进两个部门间的双向交流,双方主动反馈老年人医疗档案以及老年人安宁疗护服务供给信息,通过大数据分析迅速匹配老年人安宁疗护服务的供需双方,为老年人提供个性化的安宁疗护服务。

建议将养老服务与安宁疗护服务的对接进行具体规范化、标准化。邓帅等(2015)认为,养老服务与安宁疗护服务对接不单单是提供安宁疗护病床、病房,更需要考虑多种因素以及主客观条件。目前我国老年人安宁疗护政策法规中提及在养老机构中开办医疗机构、开展老年人安宁疗护服务。故机构养老与老年人安宁疗护服务对接需要建立养老服务制度与安宁疗护服务制度的并行机制,做好临终老人的确认,为临终老人提供居住环境良好的安宁病房,与养老机构中需要养老服务的老年人隔离,同时为临终老人提供病程管理、老人心理安抚、家属陪护、家属心理安抚等服务。与此同时推动机构养老中安宁疗护必要服务费用逐步纳入医保范围、纳入老年人长期护理保险制度,安宁疗护必备药物纳入医疗保险药品目录,完善老年人安宁疗护政策保障机制。

（二）弥补老年人安宁疗护政策供给缺位

推进老年人安宁疗护服务立法。规范老年人安宁疗护服务是进一步完善老年人安宁疗护事业的重要举措,中国生命关怀协会应发挥行业协会和老年人安宁疗护事业的领导作用,系统性整合碎片化政策文本,开展老年人安宁疗护服务调查研究,确保在政策出台前进行多方面的调查研究,提高老年人安宁疗护政策的科学性与可接受性,摸索经验,提出本土化模式,为政府的老年人安宁疗护政策制定和立法工作提供决策依据。老年人安宁疗护政策法规制定时,增加考量视角、关注政策实施对象的差异化。从国家层面对老年人安宁疗护服务进行专项立法,明确老年人安宁疗护机构准入、质量标准、功能建设、养老服务延伸、人才培养等相关规范,建立全国统一标准,进行标准化建设。在地方层面上,宋伟等（2019）认为各省市在制定老年人安宁疗护相关政策法规时,各省市需注重结合本省的特点,尊重本省的风俗习惯、风土人情、宗教信仰,做出差异化的战略部署。相关政策制定过程中要明确权责关系,避免出现表述模糊、实际操作不强等现象。注重不同性质、内容、法律效力政策的配合使用。

制定老年人安宁疗护服务评估标准。建立第三方评估机构,完善老年人安宁疗护服务评估指标。考核、监管医疗机构和老年人行为,保证服务质量和医保资金的合理运用。为保证老年人安宁疗护的开展,需建立一套完善的老年人安宁疗护工作制度和评估指标体系,包括:老年人安宁疗护机构住院标准与规范化服务内容、社区卫生服务中心老年人安宁疗护准入要素与管理办法、社区居家养老安宁疗护标准作业、老年人安宁疗护专科医师等继续教育及评鉴、监管与质控,使老年人安宁疗护工作监督考核更加科学、合理、公正。出台老年人安宁疗护各项服务的具体实施细则及标准,有利于确保实践操作过程中有章可循、有法可依,实现政策供需高度契合和动态平衡。

不断完善老年人安宁疗护服务的补偿机制。政府应更多为老年人着想,不断完善对老年人安宁疗护服务机构的补偿。建立和健全以基本医疗保险作为老年人安宁疗护服务的主体,包括多种补充保险及医疗救助的多层次老年人安宁疗护医疗保障体系,保障国家承担临终老年人的基本医疗。因为安宁疗护需要长期的住院治疗,所以平均的日费用较稳定,可对床位采取按日付费的方式,同时对每年平均的住院天数、平均的日常费用、治疗的效果进行相应的考核评估,明晰护理费用计算方式,通过医疗保险计划为老年人安宁疗护服务提供资金支持,将老年人安宁疗护服务纳入医疗保险覆盖范围,使现行的医保制度适应老年人安宁疗护服务,减轻老年人的经济压力。除此之外,政府可以通过资金注入、土地入股等方式为老年人安宁疗护机构提供专项财政支持,使得老年人安宁疗护服务机构摆脱资金不足的窘迫境地,同时,通过税收优惠减免、免费提供土地场所等形式激励私有资本进入老年人安宁疗护事业,形成以政府为主导、市场机制有益补充的双效局面。

（三）建设老年人安宁疗护服务复合型人才队伍

鼓励多元化的复合人才培养模式。老年人安宁疗护是一项综合性服务,仅仅依靠安宁疗护服务人员是远远不够的。一方面,建议支持高等院校和职业技术类院校针对老年服务与管理专业开设安宁疗护相关专业课程,加快组织专家修订相关教材,增设安宁疗护实践教学,将安宁疗护课程设置为老年服务与管理专业学生的必修课,储备基本的安宁疗护知识,培养适应现代老年医学理念的复合型多层次人才;鼓励社会力量办学,经劳动行政部门审批并报同级教育部门备案后开展养老服务以及安宁疗护服务技能培训。另一方面,针对老年人多样化的养老模式,需要根据不同养老模式的特点培养老年人安宁疗护服务队伍,满足不同老年人群的需求。例如目前在我国推行的社区居家养老模式中可以由家庭签约医生团队承担安宁疗护服务人员的角色,目前家庭签约医生团队主要由全科医生、社区护士、健康管理师、心理咨询师组成,这些人员也是安宁疗护服务团队的主要构成人员,对家庭签约医生团队进行专业安宁疗护服务的培训,为老年人减轻临终生理上的病痛,同时为老年人提供亲情温暖和心理慰藉,增加老年人安宁疗护复合型人才储备。

附录一　中国养老制度创新发展访谈提纲

一、访谈主题

对我国当前养老制度的整体满意度的交流及问题探讨。

二、访谈对象

大连市白山路、华乐、葵英、胜利、绿波、安家村、艾家屯等街道负责人、社区居住的老年人及家属;天兴、春和、得胜、西林等社区书记或居委会主任、社区内养老机构相关负责人、社区居住的老年人及家属。

三、访谈目的

通过深度访谈,了解当前国家养老制度的建设情况,了解近些年各种创新养老模式的采用情况及存在的不足之处,掌握中国当前养老制度在推动养老事业发展的过程中所遇到的瓶颈以及难点问题,了解未来养老制度的发展趋向。掌握目前公众,尤其是老年人对各种养老制度安排的满意程度。

四、访谈内容

城市近些年来在社区居家养老的建设中取得了诸多可喜的成果,并且树立了值得学习的典型社区,效果斐然。请您谈谈对社区居家养老的一些心得体会。

1.您认为机构养老如何? 您会选择吗?

2.您对社区中所提供的各类养老服务满意吗? 如果不满意,是哪些方面不满意? 如果满意,是哪些方面吸引您?

3.您认为家庭养老是否还适用?

4.您认为哪些因素会影响老年人的养老生活质量?

5.您觉得农村养老与城市养老相差大吗?

6.从全国养老建设的发展趋势来看,您认为未来的理想养老模式应该是怎样的?

附录二　中国养老制度创新影响因素调查问卷

一、基本信息(请在适合您的选项上打√)

(1)您的性别　1.男　2.女

(2)您是不是养老相关工作人员　1.是　2.否

(3)您工作的区域　1.城市　2.村镇

二、养老制度创新影响因素问卷

您是否认同以下表述,请您对其认同程度进行评价(打√)(非常认同、比较认同、一般认同、不认同、很不认同,分别赋予5、4、3、2、1分)。

	非常认同 (5分)	比较认同 (4)分	一般认同 (3分)	不认同 (2分)	很不认同 (1分)
1.养老需求多样化促进养老制度创新					
2.养老需求个性化促进养老制度创新					
3.养老供给不足促进养老制度创新(专业化)					
4.养老供给过剩促进养老制度创新(粗放型)					
5.养老服务供需不平衡推动养老制度创新					
6.不断尝试的养老新模式助推养老制度创新					
7.中国传统孝老思想影响养老制度发展					
8.生活习惯影响养老制度选择					

	非常认同 （5分）	比较认同 （4)分	一般认同 （3分）	不认同 （2分）	很不认同 （1分）
9.道德规范影响养老制度创新					
10.老年教育发展影响养老制度发展方向					
11.科技高速发展影响养老制度发展					
12.宗教信仰影响养老制度创新					
13.中国政治清明影响养老制度创新发展					
14.法制建设影响养老制度创新发展					
15.决策信息透明影响养老制度创新					
16.国家日趋强大影响养老制度创新					
17.养老诉求的积极回应影响养老制度创新					
18.政治制度的民生导向影响养老制度创新					

三、您对中国现有的养老制度供给整体是否满意？

1.非常满意(5分)　2.比较满意(4分)　3.一般满意(3分)　4.不满意(2分)　5.很不满意(1分)

参考文献

外文文献

[1] MARK BLYTH et al. Introduction to the special issue on the evolution of institutions[J]. Journal of institutional economics, 2011, 7(3): 299-315.

[2] GEOFFREY M. HODGSON. Taxonomizing the relationship between biology and economics: A very long engagement[J]. Journal of bioeconomics, 2007, 9(2): 169-185.

[3] UGO PAGANO. Interlocking complementarities and institutional change[J]. Journal of institutional economics, 2010, 7(3): 373-392.

[4] CLAUDIUS GRÄBNER. Agent-based computational models—A formal heuristic for institutionalist pattern modelling? [J]. Journal of institutional economics, 2015, 12(1): 241-261.

[5] INGELA ALGER and JORGEN W. WEIBULL. Kinship, incentives, and evolution[J]. The American economic review, 2010, 100(4): 1725-1758.

[6] ANTOINE BECHARA and ANTONIO R. DAMASIO. The somatic marker hypothesis: a neural theory of economic decision[J]. Games and economic behavior, 2004, 52(2): 336-372.

[7] JAN GUNNARSSON and TORSTEN WALLIN. An evolutionary Approach to regional systems of innovation[J]. Journal of evolutionary economics, 2011(21): 321-340.

[8] GABRIELE TEDESCHI and STEFANIA VITALI and MAURO GALLEGATI. The dynamic of innovation networks: A switching model on technological change[J]. Journal of evolutionary economics, 2014, 24(4): 817-834.

［9］ RICHARD R. NELSON and BHAVEN N. SAMPAT. Making sense
of institutions as a factor shaping economic performance［J］.
Journal of economic behavior and organization，2001，44(1)：31-
54.

［10］ FREDRIK TELL. Knowledge and competitive advantage：the
coevolution of firms，technology，and national institutions［J］.
The journal of economic history，2010，70(2)：530-532.

［11］ GEOFFREY M. HODGSON. Meanings of methodological
individualism［J］. Journal of economic methodology，2007，14
(2)：211-226.

［12］ RICHARD R. NELSON and BHAVEN N. SAMPAT. Making
sense of institutions as a factor shaping economic performance［J］.
Journal of economic behavior and organization，2001，44(1)：31
-54.

［13］ FOXON T J. Technological lock-in and the role of innovation［J］.
Chapters，2007.

［14］ BOULDING K E and NELSON R R and WINTER S G. An
evolutionary theory of economic change［J］. American journal of
agricultural economics，1984，66(4)：535.

［15］ TOUWEN J and GEOFFREY M. HODGSON. Conceptualizing
capitalism：institutions，evolution，future［J］. Social and
economic，2018，14(3)：153.

［16］ MARCELO FERNANDES PACHECO DIAS and EUGENIO
AVILA PEDROZO and TANIA NUNES SILVA. The innovation
process as a complex structure with multilevel rules［J］. Journal of
evolutionary economics，2014，24(5)：1067-1084.

［17］ MARK BLYTH et al. Introduction to the special issue on the
evolution of institutions［J］. Journal of institutional economics，
2011，7(3)：299-315.

［18］ JNA GUNNARSSON and TORSTEN WALLIN. An evolutionary
Approach to regional systems of innovation［J］. Journal of
evolutionary economics，2011，21(2)：321-340.

［19］ GABRIELE TEDESCHI and STEFANIA VITALI and MAURO
GALLEGATI. The dynamic of innovation networks：A switching

model on technological change [J]. Journal of evolutionary economics, 2014, 24(4): 817 - 834.

[20] UGO PAGANO. Interlocking complementarities and institutional change[J]. Journal of institutional economics, 2010, 7(3): 373 - 392.

[21] ROBERT BOYER. The global financial crisis in historical perspective: an economic analysis combining MINSKY, HAYEK, FISHER, KEYNES and the regulation Approach[J]. Accounting, economics and law, 2013, 3(3): 93 - 139.

[22] DARON ACEMOGLU. Why not A political coase theorem? Social conflict, commitment, and politics[J]. Journal of comparative economics, 2003, 31(4): 620 - 652.

[23] DARON ACEMOGLU and SIMON JOHNSON and JAMES A. ROBINSON. The colonial origins of comparative development: an empirical investigation[J]. The American economic review, 2001, 91(5): 1369 - 1401.

[24] DARON ACEMOGLU and JAMES A. ROBINSON and THIERRY VERDIER. ALFRED MARSHALL Lecture: kleptocracy and divide-and-rule: a model of personal rule[J]. Journal of the European economic association, 2004, 2(2/3): 162 -192.

[25] ALCHIAN A A. and DEMSETZ H. The property right paradigm [J]. Journal of economic history, 1973, 33(01):16 - 27.

[26] AOKI M. Toward a comparative institutional analysis[J]. Journal of institutional & theoretical economics, 2001, 158(4).

[27] BOWLES S. Microeconomics: behavior, institutions and evolution [M]. Princeton: Russell Sage Foundation Princeton University Press, 2006.

[28] ROBERT BOYER and ANDRE ORLEAN. How do conventions evolve? [J]. Journal of evolutionary economics, 1992, 2(3): 165 -177.

[29] GREGORY C. CHOW. Challenges of China's economic system for economic theory[J]. The American economic review, 1997, 87 (2): 321 - 327.

[30] DIXIT A. K. Law lessons and economics: alternative modes of governance.[J]. Harvard law review, 2005.

[31] DJANKOV S et al. The regulation of entry[J]. Quarterly journal of economics, 2002(117):1 - 37.

[32] HERBERT GINTIS. The evolution of private property[J]. Journal of economic behavior and organization, 2006, 64(1): 1 - 16.

[33] EDWARD L. GLAESER and ANDREI SHLEIFER. Legal origins [J]. The quarterly journal of economics, 2002, 117(4): 1193 - 1229.

[34] URI GNEEZY and ALDO RUSTICHINI. A fine is a price[J]. The journal of legal studies, 2000, 29(1): 1 - 17.

[35] AVNER GREIF and PAUL MILGROM and BARRY R. WEINGAST. Coordination, commitment, and enforcement: the case of the merchant guild[J]. Journal of political economy, 1994, 102(4): 745 - 776.

[36] AVNER GREIF. The fundamental problem of exchange: a research agenda in historical institutional analysis[J]. European review of economic history, 2000, 4(3): 251 - 284.

[37] GREIF A. Institutions and the path to the modern economy: lessons from medieval trade[M]. Cambridge: Polity Press, 2007.

[38] MALCOLM RUTHERFORD. Evolution and economics: on evolutionary economics and the evolution of economics [J]. Journal of economic issues, 2000, 34(3): 746 - 748.

[39] LEONID HURWICZ. Institutions as families of game forms [J]. Japanese economic review, 1996, 47(2): 113 - 132.

[40] FLORENCIO L et al. The quality of government[J]. Journal of law, economics, & organization, 1999, 15(1): 222 - 279.

[41] PAUL R. MILGROM and DOUGLASS C. NORTH and BARRY R. WEINGAST. The role of institutions in the revival of trade: the law merchant, private judges, and the champagne fairs [J]. Economics & politics, 1990, 2(1): 1 - 23.

[42] DOUGLASS C. NORTH. Economic performance through time[J]. The American economic review, 1994, 84(3): 359 - 368.

[43] NORTH D C. Institutions, institutional change, and economic

performance[M]. Cambridge：Cambridge University Press，1990.

[44] NORTH D C. Understanding the process of economic change[M]. Cambridge：Cambridge University Press，2005.

[45] SLATER J R. The economic theory of social institutions [M]. Cambridge：Cambridge University Press，1981.

[46] RAJIV SETHI. Evolutionary stability and media of exchange[J]. Journal of economic behavior and organization，1999，40（3）：233 -254.

[47] TAYLOR M. Community，anarchy and liberty[M]. Cambridge：Cambridge University Press，1982.

[48] OLIVER E. WILLIAMSON. The new institutional economics：taking stock，looking ahead[J]. Journal of economic literature，2000，38(3)：595 - 613.

[49] H. PEYTON YOUNG. Individual strategy and social structure [M]. Princeton：Princeton University Press，1998.

[50] H. PEYTON YOUNG. The evolution of conventions [J]. Econometrica，1993，61(1)：57 - 84.

[51] H. PEYTON YOUNG. The economics of convention [J]. The journal of economic perspectives，1996，10(2)：105 - 122.

中文文献

[1] 黄凯南.现代演化经济学基础理论研究[M].杭州：浙江大学出版社,2010.

[2] 黄凯南.演化经济学理论发展梳理：方法论、微观、中观和宏观[J].南方经济,2014(10):100 - 106.

[3] 黄凯南.现代演化经济学理论研究新进展[J].理论学刊,2012(3):48 - 52.

[4] 黄凯南.主观博弈论与制度内生演化[J].经济研究,2010(4):134 - 146.

[5] 贾根良.演化经济学导论[M].北京：中国人民大学出版社,2005.

[6] 董立淳.中国农村合作医疗制度演化机制研究[D].天津：南开大学,2009.

[7] 谢宗藩,姜军松.中国农地产权制度演化：权力与权利统一视角[J].农业经济问题,2005(11):64 - 72.

[8] 陈祖华.演化经济学的制度演化观：一个比较的视角[J].学术交流,

2006(9):70 - 73.

[9] 章华,金雪军.制度演化分析的两种范式比较——新制度经济学与演化经济学评析[J].经济学家,2005(5):11 - 17.

[10] 严伟.演化经济学视角下的旅游产业融合机理研究[J].社会科学家,2014(10):97 - 101.

[11] 黄晓鹏.演化经济学视角下的企业社会责任政策——兼谈企业社会责任的演化[J].经济评论,2007(4):129 - 137.

[12] 吕守军.抓住中间层次剖析当代资本主义——法国调节学派理论体系的演进[J].中国社会科学,2015(06):62 - 77.

[13] 贾根良.演化经济学:第三种经济学体系的综合与创新[J].学术月刊,2011,43(06):63 - 70.

[14] 杨虎涛,张洪恺.凡勃伦制度主义的过去与现在[J].当代经济研究,2009(02):21 - 25.

[15] 范如国.制度演化及其复杂性[M].北京:科学出版社,2011

[16] 凡勃伦.有闲阶级论[M].北京:商务印书馆,1964.

[17] 盛昭翰,蒋德鹏.演化经济学[M].上海:上海三联书店,2002.

[18] 杰弗里·M.霍奇逊.制度与演化经济学现代文选[M].贾根良,等译.北京:高等教育出版社,2005.

[19] 陈茉.中国养老政策变迁历程与完善路径[D].长春:吉林大学,2018.

[20] 刘月田,苏剑,范斌.利用城市闲置社会资源发展护理院的研究[J].中国经贸导刊(中),2020(06):134 - 136.

[21] 杨震.加强人口老龄化研究推进破解大城市养老难[J].人口与社会,2020,36(01):14 - 18.

[22] 沙勇,李响.努力破解大城市养老难题——农工党中央"第二届人口发展战略研讨会"会议综述[J].人口与社会,2020,36(01):104 - 108.

[23] 张文亮,敦楚男.近十年我国古籍数字化研究综述[J].图书馆学刊,2017,39(03):126 - 130+137.

[24] 边恕,宋经翔,孙雅娜.中国城乡居民养老金缓解老年贫困的效应分析——基于绝对贫困与相对贫困双重视角[J].辽宁大学学报(哲学社会科学版),2020,48(01):88 - 97.

[25] 陈奕.新时代推进社保档案工作的几点思考——以镇江市社保档案为例[J].档案与建设,2019(12):51 - 52+85.

[26] 王新军,李雪岩.长期护理保险需求预测与保险机制研究[J].东岳论丛,2020,41(01):144 - 156.

[27] 唐钧.还原一线城市老龄化真相[J].中国社会保障,2012(10):30.

[28] 王洪斌.德国养老服务体系的历史分析及经验研究[J].社会福利(理论版),2020(01):3-8+12.

[29] 朱光磊,杨智雄.职责序构:中国政府职责体系的一种演进形态[J].学术界,2020(05):14-23.

[30] 顾训宝,王爱玲.人民美好生活需要的新时代内涵及实现路径[J].中共山西省委党校学报,2020,43(01):59-63.

[31] 张云超.新型城镇化背景下产业新城促进我国城市科学发展优势与理论实践价值[J].郑州轻工业学院学报(社会科学版),2019,20(Z1):104-110.

[32] 梁燕.退休年龄制度改革研究[J].法制与社会,2011(32):48-49.

[33] 刘登攀.新时代中国对外开放研究[D].北京:中共中央党校,2019.

[34] 李俊方.汉代的赐酺与养老礼[J].兰州学刊,2008(04):138-141.

[35] 黄凯南.演化博弈与演化经济学[J].经济研究,2009,44(02):132-145.

[36] 董志强.制度及其演化的一般理论[J].管理世界,2008(05):151-165.

[37] 黄凯南.演化经济学四个基础理论问题探析[J].中国地质大学学报(社会科学版),2011,11(06):85-90.

[38] 邹国庆,郭天娇.制度分析与战略管理研究:演进与展望[J].社会科学战线,2018(11):91-97.

[39] 黄凯南.演化经济学的发展历史、现状和未来展望[N].光明日报,2010.

[40] 刘鹏程.让所有老年人都有幸福美满的晚年——新中国成立70年来养老事业改革发展巡礼[J].中国社会工作,2019(26):4-7.

[41] 黄凯南,何青松,程臻宇.演化增长理论:基于技术、制度与偏好的共同演化[J].东岳论丛,2014,35(02):26-38.

[42] 韩喜平,孙小杰.全面实施健康中国战略[J].前线,2018(12):54-57.

[43] 陈伍香.新冠肺炎疫情防控常态化条件下发展大健康旅游产业的认识[J].社会科学家,2020(01):57-63.

[44] 刘喜珍.时空理论视域下的老龄社会[J].求索,2020(01):171-178.

[45] 张纪南.坚持和完善统筹城乡的民生保障制度[J].劳动保障世界,2020(01):10-11.

[46] 辛向阳.马克思主义视野下的中国特色社会主义制度和国家治理体系建设[J].当代世界与社会主义,2020(01):19-26.

[47] 魏新刚.回应群众期盼 增进百姓福祉[J].中国卫生,2020(02):32 - 33.

[48] 宋贵伦.坚持和完善民生保障制度和社会治理制度——以党的十九届四中全会精神为指导加强社会建设[J].社会治理,2020(02):36 - 40.

[49] 秦强,李乐乐.新时代我国人口老龄化问题研究[J].广西社会科学,2019(11):78 - 83.

[50] 刘儒,郭荔.新中国 70 年价格机制改革:演进逻辑、显著特征与基本经验[J].湘潭大学学报(哲学社会科学版),2020,44(03):96 - 103.

[51] 郑涵予,张文政.乡村振兴战略下我国农村养老服务体系研究[J].生产力研究,2020(04):85 - 88,151.

[52] 曲延春,阎晓涵.晚年何以幸福:农村空巢老人养老困境及其治理[J].理论探讨,2019(02):172 - 176.

[53] 朱海龙.中国养老模式的智慧化重构[J].社会科学战线,2020(04):231 - 236.

[54] 蒋叶璟.关于我国现阶段家庭养老的政策研究——与西方发达国家相关政策之比较[J].东南大学学报(哲学社会科学版),2012,14(S1):50 -55.

[55] 肖云,杨光辉.优势视角下失独老人的养老困境及相应对策[J].人口与发展,2014,20(01):107 - 112.

[56] 崔恒展.居家养老的源起演变及其内涵探究[J].山东社会科学,2015(07):120 - 124.

[57] 郑吉友.辽宁省农村居家养老服务供给研究[D].沈阳:东北大学,2017.

[58] 廖鸿冰,李斌.我国社区居家养老模式的理性选择[J].求索,2014(07):19 - 23.

[59] 王雪,赵成玉,白灵丽,刘雪娇,高淑欣,戚环欣,吴薇,王广,徐援,陈哲.中国社区居家养老现状[J].中国老年学杂志,2019,39(04):1012 - 1015.

[60] 朱文刚.城市社区居家养老服务的问题与出路——以重庆市 D 区为例[J].劳动保障世界,2019(35):32.

[61] 祁峰,高策.发展"时间银行"互助养老服务的难点及着力点[J].天津行政学院学报,2018,20(03):19 - 25.

[62] 雷雨迟,熊振芳.武汉市社区智慧养老服务需求调查[J].护理研究,2019,33(08):1425 - 1428.

[63] 丁鸣.居民慢性病管理中全科医生的作用分析[J].中国卫生产业,2020,17(08):98-99,102.

[64] 袁景.传统养老文化视角下中国特色养老体系构建研究[J].广西社会科学,2016(10):159-161.

[65] 曹宪忠,杜江先.家庭养老——我国现阶段养老制度的必然选择[J].山东大学学报(哲学社会科学版),1998(04):102-105,89.

[66] 石金群,王延中.试论老年精神保障系统的构建[J].社会保障研究,2013(02):3-15.

[67] 饶克勤.健康中国战略与分级诊疗制度建设[J].卫生经济研究,2018(01):4-6,9.

[68] 江云.关于创新开展"文化养老"的探讨[J].劳动保障世界(理论版),2013(09):249.

[69] 车闻平,张昊楠.福利文化视角下我国老年人多元照护模式的伦理价值[J].中国医学伦理学,2018,31(06):736-739.

[70] 苗国强.家庭代际团结对城市老年人主观幸福感的影响研究——基于河南省的调查[J].中国软科学,2020(01):104-111.

[71] 闵锐,陈江芸,刘笑,方鹏骞.心理契约视角下医养结合工作人员工作感受现状分析[J].中华医院管理杂志,2019(12):981-986.

[72] 王彦.社区卫生服务对城区老年人生活方式疾病进行干预的调查[J].中国老年学杂志,2003(06):348-350.

[73] 王燕森,贾存波,方方,张春瑜,刘兵,欧洁.建立大型三级医院和社区医疗联合体的思考与探索[J].中国公共卫生管理,2014,30(02):161-163.

[74] 赵伟.构建老龄化社会治理的多元共治体系[J].人民论坛,2020(Z1):82-83.

[75] 王沛,刘军军.倡议联盟框架对我国家庭医生政策发展的启示[J].医学与社会,2020,33(03):42-46.

[76] 成海军.社会主要矛盾转化视阈下我国养老服务专业人才队伍建设研究[J].社会福利(理论版),2019(01):3-8.

[77] 孙洁,孙跃跃.长期护理保险扩大试点的瓶颈与政策建议——基于北京石景山的试点经验[J].卫生经济研究,2020,37(05):35-38.

[78] 陆蒙华,吕明阳,王小明.长期护理保险的保障范围和护理时长——基于社会保险模式和商业保险模式的比较[J].人口与发展,2020,26(03):38-50.

[79] 李纯元.我国存款保险功能优化路径研究——基于演化经济学与激励机制框架[J].学术研究,2020(07):92-100.

[80] 李雷,张文斌.失地农民养老保障困境及对策研究[J].农业经济,2020(08):76-78.

[81] 郑雄飞.新时代建立"农民退休"制度的现实基础与战略路径[J].山东社会科学,2020(01):67-73.

[82] 王维,刘燕丽.农村养老服务体系的整合与多元建构[J].华南农业大学学报(社会科学版),2020,19(01):103-116.

[83] 陈茉.新中国70年养老制度的成就与发展[J].学习与探索,2019(10):38-43.

[84] 徐彩玲.我国农村社会养老保险问题分析[J].中国市场,2021(15):65-66.

[85] 董克用,肖金喜.人口老龄化背景下新加坡中央公积金养老金制度改革研究与启示[J].东岳论丛,2021,42(03):97-108,191-192.

[86] 冯彦君,王琼.中国退休制度整体改革势在必行[J].东北师大学报(哲学社会科学版),2021(02):53-61.

[87] 张开云,徐强,马颖颖.城乡居民基本养老保险制度:运行风险与消解路径[J].贵州社会科学,2021(02):61-69.

[88] 孙健夫,张泽华.瑞士养老金体系及其资产管理经验对中国的启示[J].河北大学学报(哲学社会科学版),2020,45(06):112-121.

[89] 南金花,刘建军,李秀芳,张素荣.古代养老救济机构经验借鉴[J].合作经济与科技,2020(16):179-181.

[90] 罗琦,王安琪,陈红,范罗丹,余华.美、英、日、澳居家养老服务发展概况及启示[J].卫生软科学,2020,34(06):91-96.

[91] 鲁爽.我国新型农村养老保险制度可持续发展探析[J].农业经济,2020(04):85-86.

[92] 封进,赵发强.新中国养老保险70年:经验、问题与展望[J].社会保障研究,2019(06):16-26.

[93] 杨璟.延迟退休的就业效应及对策探析[J].老区建设,2019(12):53-58.

[94] 金昱茜.德国法定养老保险精算制度的法律保障的经验与启示[J].湖南师范大学社会科学学报,2019,48(02):46-54.

[95] 张嘉雯,汤兆云.构建农民工社会养老保险制度框架[N].中国社会科学报,2019-03-28(007).

［96］韩喜平,陈茉.党的十八大以来中国完善养老保险制度的实践探索［J］.理论学刊,2019(01):89－95.

［97］李凯旋.意大利养老金改革及启示［J］.欧洲研究,2017,35(05):72－88＋7.

［98］孙津华.中国古代养老制度及启示［J］.河南教育学院学报(哲学社会科学版),2017,36(02):98－102.

［99］张开云,徐强,马颖颖.城乡居民基本养老保险制度:运行风险与消解路径［J］.贵州社会科学,2021(02):61－69.

［100］凌文豪,李鹏扬.新中国成立以来中国农村家庭养老制度的嬗变及未来路向——基于家庭结构的视角［J］.平顶山学院学报,2020,35(04):84－89.

［101］周爱民.当前我国养老保障制度改革的现状、面临的挑战及其对策探讨［J］.湖南社会科学,2019,(06):133－140.

［102］穆怀中,范璐璐,陈曦.养老保障制度"优化"理念分析［J］.社会保障研究,2020,(01):3－10.

［103］杨良初.我国可持续"三支柱"养老保障制度构建［J］.地方财政研究,2019,(07):74－84＋92.

［104］赵仲杰.整合制度:应对农村失独家庭困境的制度构建［J］.中州学刊,2020(08):73－79.

索　引